Manualidades ecológicas
para niños

manualidades ecológicas para niños

35 trabajos creativos para que los más pequeños y los adultos se diviertan juntos

kate lilley de MINIECO

con fotografías de Carolyn Barber

EJ
editorial juventud

Título original: ECO-FRIENDLY CRAFTING
WITH KIDS

Publicado originalmente en 2012
por **Ryland Peters & Small**
20-21 Jockey's Fields
Londres WC1R 4BW
Reino Unido

Provença, 101 – 08029 Barcelona
info@editorialjuventud.es
www.editorialjuventud.es

Traducción de Pablo Manzano Martín

Primera edición, 2012
ISBN 978-84-261-3944-3
Núm. de edición de E.J.: 12.529
Printed in China

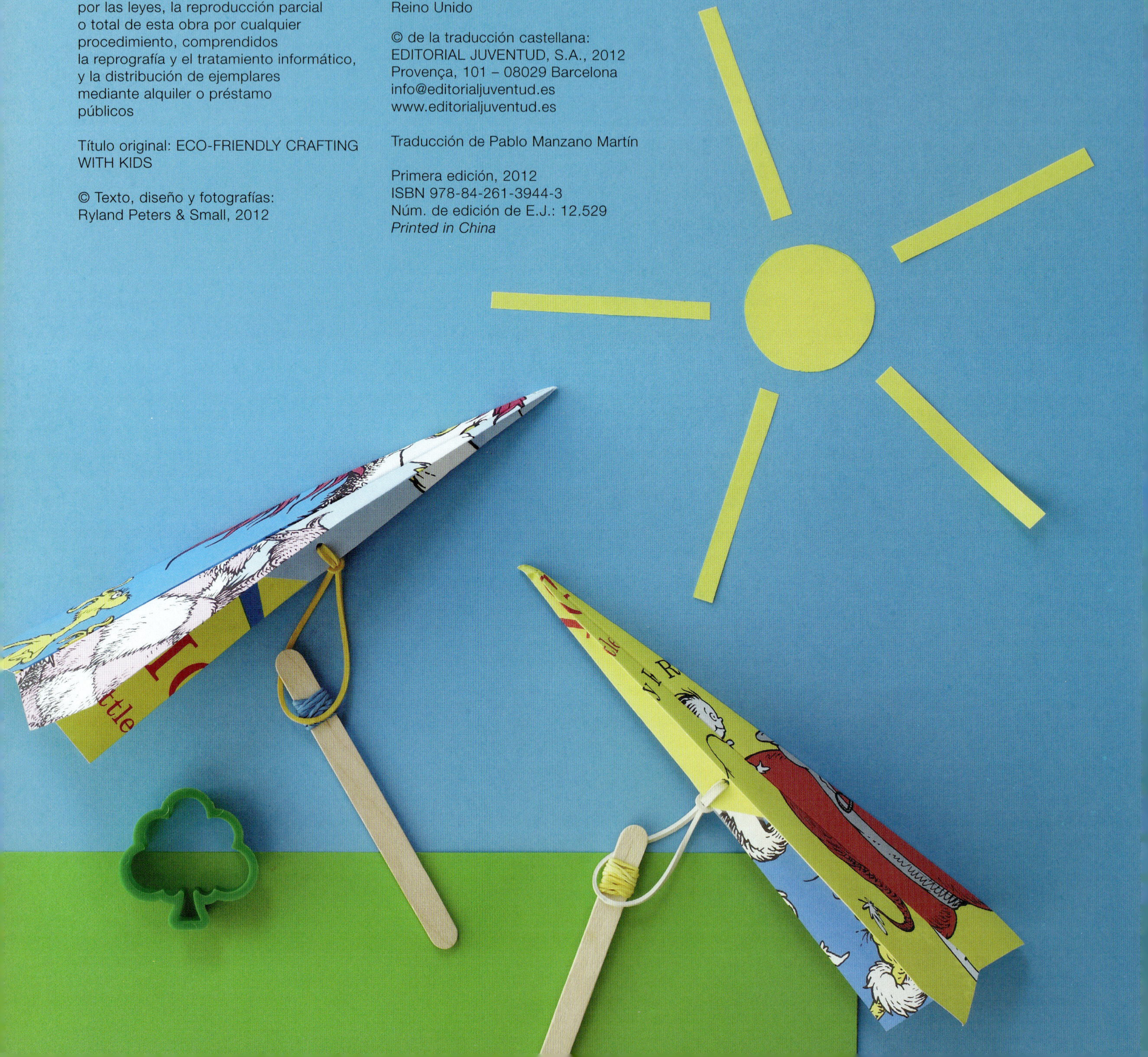

Contenidos

Introducción

Al ser madre primeriza siempre me decían que no les comprara a mis hijos juguetes caros, porque al final del día terminarían jugando con la caja. Yo sonreía sin creérmelo (¡como tampoco se lo creen ustedes!), pero ahora que mis hijos tienen tres y cuatro años puedo decir con la mano en el corazón que es verdad.

Tanto las cajas como otros objetos descartables que tengamos en casa son materiales de gran valor. A mi hijo de cuatro años le encantan las cajas registradoras, y es alucinante ver cómo convierte una caja de cartón en una máquina sofisticada con solo usar la imaginación. Usar objetos descartables para hacer manualidades tiene mucho sentido. Es económico, ecológico y enseña a los niños a aprovechar todo lo que tienen a su alrededor para divertirse de una manera creativa.

Para los trabajos artesanales de este libro los niños necesitarán ayuda y supervisión. Todo depende de la edad y la capacidad de los pequeños. De más está decir que un adulto debería ocuparse de aquellas tareas que requieran del uso de unas tijeras afiladas, un cúter o un horno, y por favor recuerden que los objetos pequeños como las canicas podrían darnos un susto si un niño se los traga. Algunos trabajos ensuciarán mucho, así que asegúrense de reunir todos los materiales de antemano y tener un cuenco con agua al lado para lavarse una vez hayan terminado. No dejen a un lado las manualidades que ensucian, ya que son las más divertidas y a los chicos les encantan.

Mis hijos Seth y Tom han realizado todas las manualidades que se incluyen en este libro. Y nos lo hemos pasado bomba. Espero que ustedes también. ¡A divertirse!

MATERIALES CASEROS

Plastilina

Hacer plastilina es a la vez un experimento científico, una receta de cocina y una manualidad. En casa nos pasamos horas jugando con plastilina, y es superexcitante cada vez que fabricamos la pasta.

Materiales

- 1/2 taza de harina
- 1/2 taza de agua
- 1/4 de una taza de sal
- 1/2 cucharada de ácido tartárico
- 1 cucharada de aceite de cocina

Los pasos

1 Haz que tu pequeño ayudante ponga todos los ingredientes en una cacerola, y mézclalos bien. Puedes añadir tintes naturales para darles color (ver p.13).

2 ¡Este paso es solo para adultos! Pon la cacerola a fuego lento y sigue removiendo. Ya verás como pronto empieza a transformarse en una cosa que parece haber salido de una película de ciencia ficción… y que quedará pegado al recipiente… ¡Pero no te preocupes que al final saldrá bien! Una vez que se haya formado la bola apaga el fuego. Coloca la plastilina sobre una superficie cubierta con harina.

3 Déjala enfriar y luego ponte a amasar durante unos minutos.

4 Deja en remojo la cacerola con agua caliente durante cinco minutos. ¡Después de pasarle un trapo quedará como nueva!

Consejos y sugerencias

- ¡No hace falta decir que la plastilina no es comestible!
- Recuerda no dejar que tus pequeños se acerquen al fuego o al agua caliente.
- Los tintes naturales pueden manchar, así que es mejor ponerse un delantal. Una vez que la plastilina está hecha ya no suele manchar ni las manos ni la ropa.

1

2

3

cúrcuma
frambuesa
corteza de árbol
remolacha
cacao
col lombarda

Tintes naturales para hacer plastilina casera

Utilizar tintes naturales es muy divertido, y además los niños aprenden que algunos de los colorantes más bonitos pueden encontrarlos en el jardín.

Cúrcuma

Añade una cucharadita de polvo de cúrcuma en la mezcla básica de plastilina, y luego sigue las instrucciones de la receta. Para que el color sea más intenso, solo tienes que añadir más cúrcuma a la pasta en el momento de amasar.

Frambuesas y arándanos

Pon un puñado de las bayas escogidas en una olla y con una taza de agua. Calienta la mezcla a fuego lento y déjala hervir unos cinco minutos. Una vez que se haya enfriado debes colarla. Sigue las instrucciones para hacer plastilina, sustituyendo el agua por media taza de este colorante natural.

Corteza de árbol

No arranques un trozo de corteza de un árbol. Si buscas en el jardín encontrarás un montón en el suelo. Echa un gran puñado de corteza en una olla y añade una taza y media de agua. Ponlo todo a calentar y deja que hierva a fuego lento durante veinte minutos hasta que el líquido haya reducido a un tercio. Espera a que el colorante se enfríe y fíltralo. Luego ponte a fabricar plastilina, pero reemplazando el agua por el colorante de corteza.

Remolacha

Corta una remolacha mediana y ponla en una olla con una taza de agua. Hierve el agua a fuego lento durante un minuto. Deja enfriar el líquido, cuélalo y utilízalo para hacer la receta básica de plastilina, reemplazando el agua por media taza de tinte de remolacha.

Cacao

Añade una cucharadita de polvo de cacao en la mezcla inicial de plastilina, y luego sigue las instrucciones de la receta. Para que el color sea más intenso, solo tienes que añadir más cacao a la pasta en el momento de amasar.

Col lombarda

Corta una col lombarda en trozos y vierte un puñado en una olla. Añade una taza de agua. Deja que hierva a fuego lento unos minutos. Cuela el líquido una vez que esté frío. Sigue la receta de la plastilina, pero en vez de agua utiliza media taza de colorante. La col lombarda produce un color azulado, pero cuando añadas el tinte a la mezcla de la plastilina ¡se volverá de un rosa intenso!

Información ecológica

Para esta manualidad se emplean materiales no tóxicos que tenemos en casa.

Acuarelas

Es maravilloso descubrir que uno puede fabricar sus propias pinturas, y por suerte a los niños también les maravilla. Además es una actividad que se compone de dos partes, y esto quiere decir: ¡doble diversión!

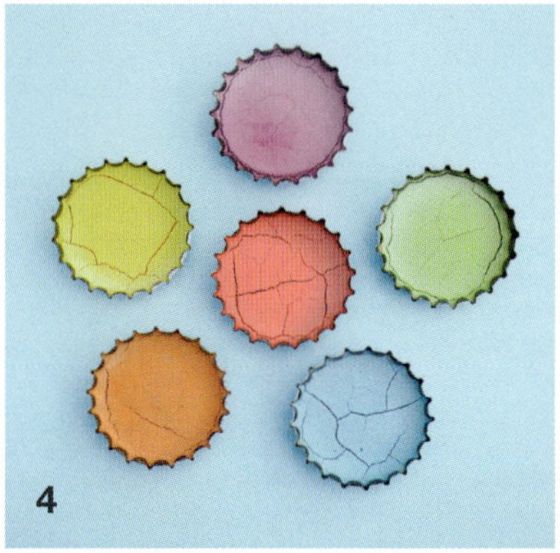

Los pasos

1 Pídele a tu ayudante que mezcle en un cuenco bicarbonato de sodio, harina de maíz, vinagre y sirope de glucosa. Remueve hasta que la mezcla deje de burbujear.

2 Vierte la mezcla en pequeños recipientes con una profundidad aproximada de un centímetro y medio.

3 Añade cinco gotas de colorante alimentario en cada recipiente y remueve con un palillo de dientes. Si quieres obtener un color más oscuro añade un poco más de colorante y sigue removiendo.

4 Deja que la pintura se seque al sol. Normalmente tarda uno o dos días, dependiendo del tiempo.

5 Una vez que las acuarelas estén secas, dale a tu hijo un papel, un pincel y un cuenco con agua. ¡Y que se ponga a pintar!

Consejos y sugerencias

Puedes producir tu propia glucosa líquida mezclando 1/4 de una taza de azúcar y 1/8 de una taza de agua en una cacerola. Calienta la mezcla hasta que empiece a hervir y el azúcar se haya disuelto. Deja que se enfríe antes de usarlo.

Información ecológica

Esta actividad es una ocasión para reciclar las tapitas de los frascos y las chapas de las botellas.

Materiales

- 3 cucharadas de bicarbonato de sodio
- 3 cucharadas de harina de maíz
- 3 cucharadas de vinagre blanco
- 2 cucharaditas de sirope de glucosa
- Un cuenco para la mezcla
- Recipientes para las pinturas (por ej. chapas de botellas, o cubiteras).
- Colorante alimentario
- Palillos de dientes

Tizas caseras

Hacer tus propias tizas es muy sencillo y entretenido.
Y el resultado te dará una magnífica excusa para salir a jugar.
¡Yupi!

Materiales

- Tubos de cartón (de los rollos de papel higiénico o de cocina)
- Cinta adhesiva
- Papel encerado
- Tijeras
- Recipientes de plástico usados
- 1 taza de agua
- 1 taza con yeso
- 1 cucharada de pintura de témpera en polvo
- Palito (para remover)

Los pasos

1 Pega un extremo de cada tubo de cartón con cinta adhesiva, asegurándote de que quede bien sellada.

2 Forra los tubos con papel encerado. Coloca los tubos en posición vertical (el extremo sellado con cinta, hacia abajo) sobre una superficie nivelada. Es mejor que pongas un papel de cocina debajo, en caso de que alguno gotee.

3 Echa el agua en un recipiente de plástico y espolvorea el yeso encima (generalmente la proporción es de 1:1; pero consulta las instrucciones en el paquete).

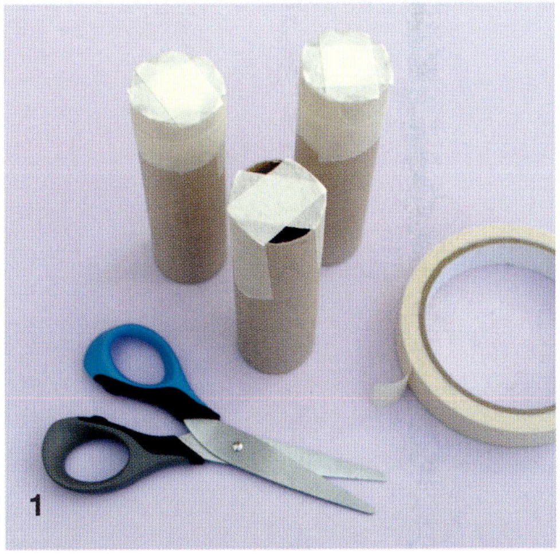
1

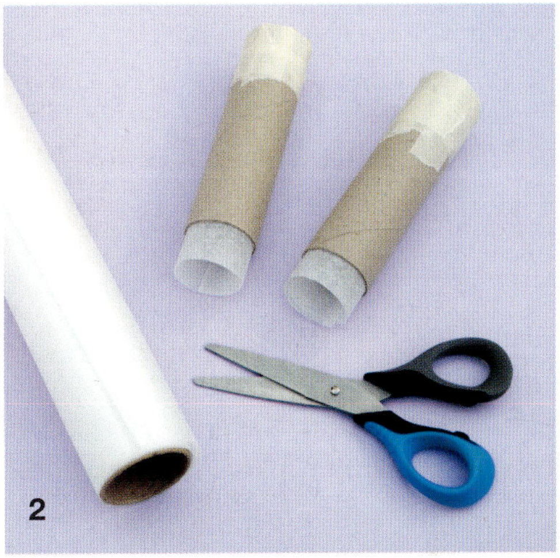
2

3

4 Añade una cucharadita de pintura en polvo y remueve bien la mezcla. Si quieres obtener un color más oscuro añade más pintura.

5 Llena los tubos con la mezcla y dales golpecitos para eliminar las burbujas.

6 Cuando el yeso se haya asentado, ya puedes quitar los tubos y los envoltorios de papel. Tendrás que esperar algunos días hasta que las tizas estén bien secas y puedas usarlas.

Consejos y sugerencias

- Si crees que los tubos que tienes son demasiado anchos, tendrás que cortarlos a lo largo, superponer los bordes y pegarlos con cinta para reducir el diámetro.
- Los moldes de silicona para magdalenas también son unos moldes estupendos, y no requieren el uso del papel.
- Una vez que tengas tus tizas, ya puedes salir a jugar toda clase de juegos. Después ni siquiera tendrás que limpiar, ya que la siguiente lluvia lo hará por ti.
- Túrnate con un amigo para echaros en el suelo, mientras uno dibuja la silueta del otro. Añádele cabellos, una cara y ropa. Si os atrevéis, hasta podéis convertir el juego en una lección de biología ¡y dibujar algunos órganos internos!
- Dibuja en el suelo carreteras y edificios, y pon a circular tus pequeños coches.
- Juega a arrojar el saco. Para ello hay que dibujar muchas figuras en el suelo con diferentes números. Luego tenéis que arrojar por turnos una pequeña bolsa de judías de manera que caiga en el interior de alguna figura, para así ir sumando puntos.
- Juega al tres en raya o a la rayuela.

Información ecológica

Esta actividad es una gran ocasión para reciclar los rollos de cartón.

4

5

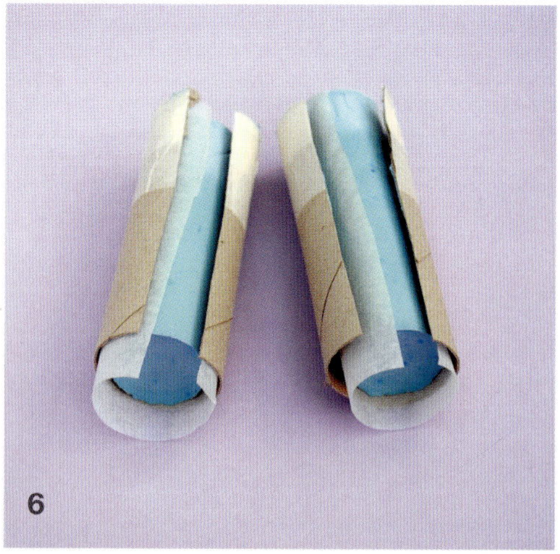
6

Lápices arcoíris reciclados

Esta es una gran oportunidad para recuperar esos viejos lápices de cera rotos (o mordisqueados) y convertirlos en un juego multicolor de lápices gruesos, fáciles de coger y difíciles de romper. ¡Genial!

Materiales

- Lápices de cera viejos
- Cacerola
- Palitos para remover
- Algunas latas vacías y limpias
- Manopla de cocina
- Recipientes cilíndricos para usar de molde, como pequeños potes de yogur

Los pasos

1 Pídele a tu hijo que se ponga a partir todos esos viejos lápices de cera en pedacitos. Luego separa los trozos en pilas de diferentes colores.

2 ¡Este paso requiere la participación del adulto! Echa cinco centímetros de agua en la cacerola y hazla hervir. Luego ponla a fuego lento. Llena cada lata vacía y limpia con cada pila de lápices y colócalas en la cacerola. Espera hasta que los lápices de cera se derritan. Puedes usar un palo para remover, pero no olvides ponerte una manopla, pues la lata se calentará.

3 Con cuidado vierte la primera lata de cera derretida en varios moldes asegurándote de echar la misma cantidad en cada molde. Deja los recipientes en el congelador durante 5 minutos para que se endurezca.

4 Una vez listo, vierte el siguiente encima del primero. Repite el proceso para cada color hasta que hayas usado todas las ceras derretidas.

5 Una vez que los colores hayan cuajado, coloca los moldes boca abajo sobre la mesa y dales un golpe para que salga el nuevo lápiz de cera.

Consejos y sugerencias

Si andas corto de tiempo, utiliza moldes de magdalenas. Solo tienes que llenarlos con trocitos de lápices de cera y meterlos en el horno a una temperatura baja. Tan pronto como la cera se haya derretido, sácala del horno y déjala que se endurezca.

1

2

3

4

MÚSICA

Guitarra de cartón

Con una caja de cartón puedes hacer una guitarra fabulosa. No es que con ella puedas tocar una canción de Jimi Hendrix. ¡Pero sí una para los niños!

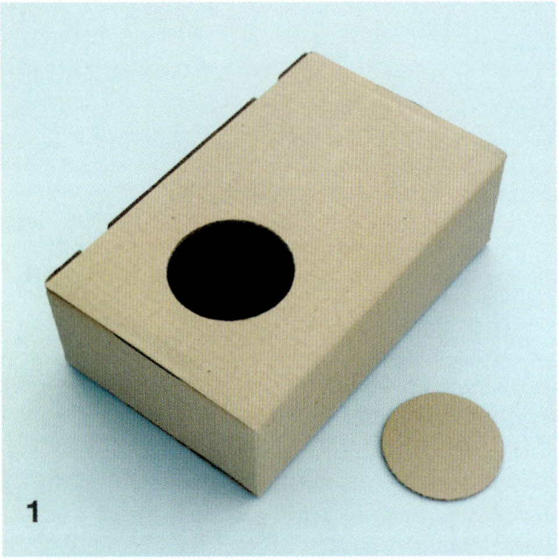

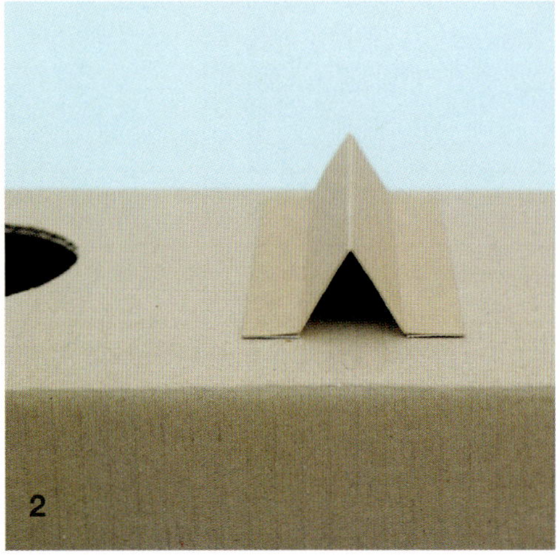

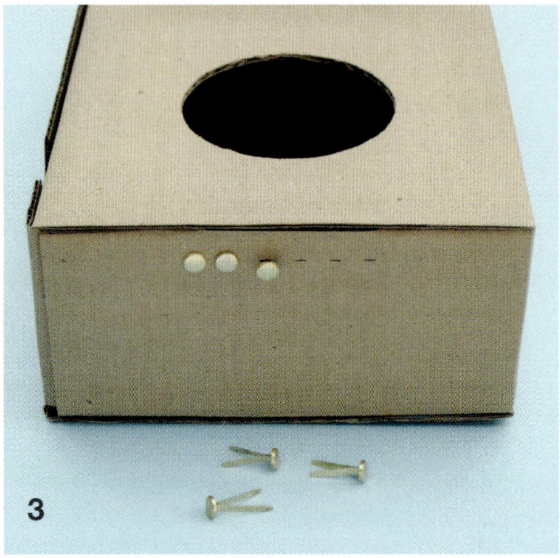

Los pasos

1 Coge una caja de cartón y sella los bordes con cinta adhesiva. Con un cúter o unas tijeras (¡solo para adultos!) haz un agujero circular de 8 cm, en el segundo tercio de la tapa de la caja.

2 Para hacer el puente, coge un pedazo de cartón de 12 x 6 cm y marca tres rayas horizontales a lo largo. Pliega el cartón como se muestra en la foto y pégalo en la caja con cinta adhesiva de doble cara.

3 Clava seis sujetadores de papel con cabeza de plástico a 1 cm de cada lado de la caja, dejando una separación de 1 cm entre uno y otro.

4 Corta las gomas elásticas y átalas por un extremo a los alfileres de un lado de la caja. Tira de las gomas una por una, y átalas a los alfileres del otro lado de la caja. Repite la operación con todas las gomas.

5 Para hacer el mástil toma un trozo de cartón de 20 x 35 cm. Marca tres líneas a lo largo, separadas por una distancia de 5,5 cm. Pliega el cartón formando un prisma triangular y fija el borde con cinta adhesiva.

6 Con un cúter o unas tijeras recorta un triángulo de 5 cm de lado. Introduce el mástil de la guitarra en la abertura triangular. Una vez que la guitarra esté lista, deja que tu hijo la decore con rotuladores o lápices de color.

Consejos y sugerencias

- Cuanto más tirantes estén las cuerdas, más claro y agudo será el sonido. Es esencial utilizar una caja resistente, pues de otro modo cederá a la tensión de las gomas elásticas.
- Dile a tu hijo que preste atención en cómo cambia el sonido según aumenta o disminuye la tensión de las gomitas. El pequeño notará que cuando las cuerdas están tirantes producen un sonido más agudo, y cuando están flojas, uno más grave.
- Si tienes poco tiempo puedes hacer una guitarra fabulosa en pocos minutos, estirando las gomas elásticas sobre una caja metálica de galletas (si es cuadrada, mejor). Asegúrate de separar bien las gomitas para que no se toquen.

Información ecológica

Con esta manualidad le damos un uso a esas cajas vacías que tenemos en casa.

materiales

- Caja de cartón resistente
- Cinta adhesiva
- Cúter o tijeras
- Regla
- Lápiz
- Cinta adhesiva doble cara
- 12 sujetadores de papel con cabeza de plástico
- 6 gomas elásticas
- Rotuladores / lápices

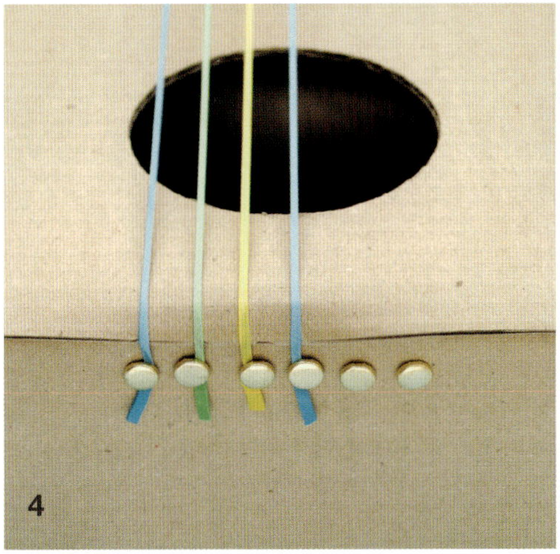
4

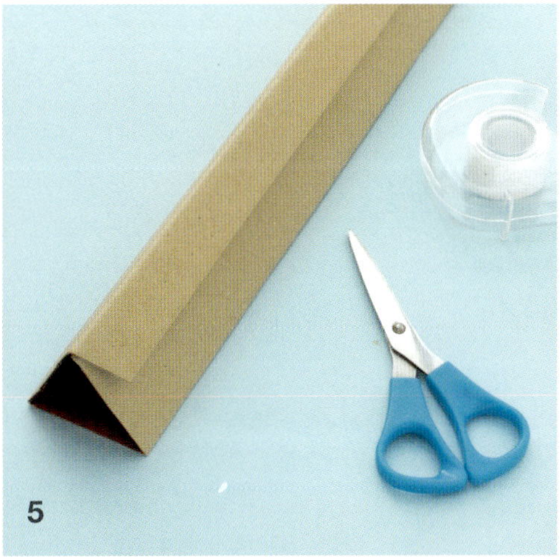
5

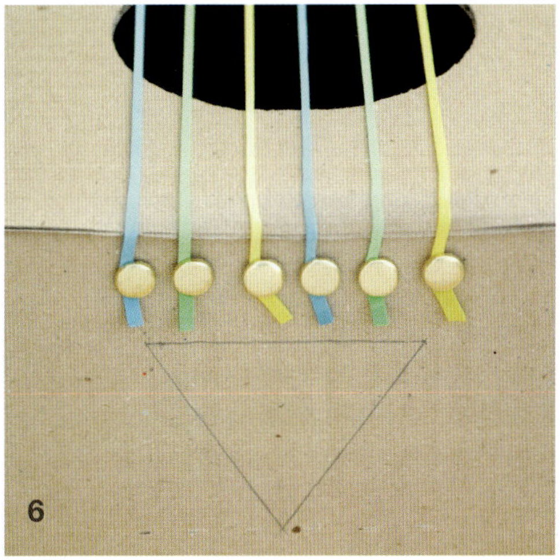
6

Todo en uno: bongó, maraca y güiro

El mismo objeto reúne tres instrumentos caseros: un bongó, una maraca y un güiro. Lo mejor de este invento es que es facilísimo de hacer. Utiliza unos palitos chinos para tocar el bongó o raspar el costado de la lata produciendo el sonido del güiro.

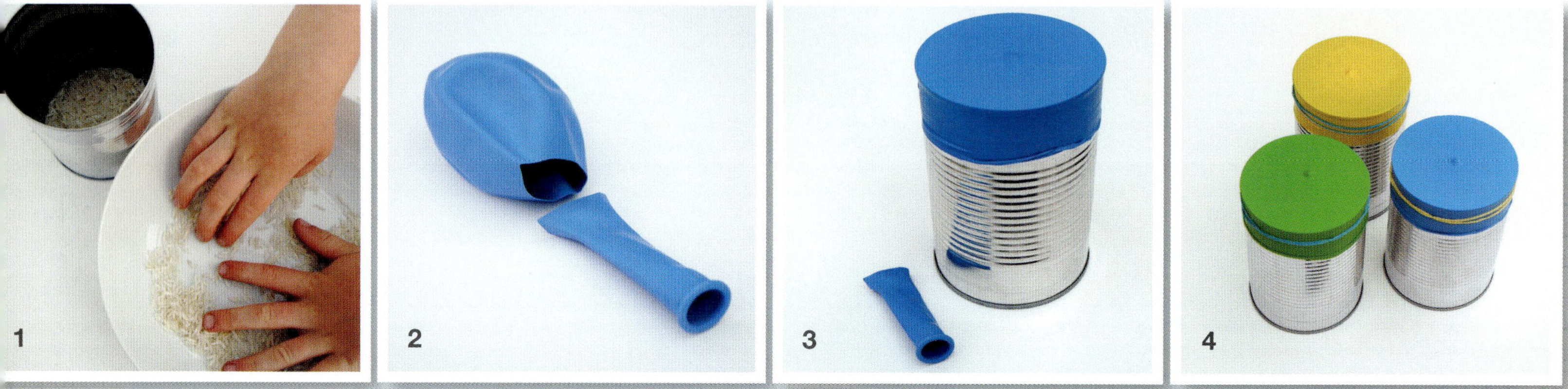

Los pasos

1 Echa en el interior de una lata vacía un puñado de arroz o lentejas crudas. Asegúrate de que las latas tengan los bordes lisos (hoy muchos abrelatas dejan un borde suave y liso en la lata). Si no, una lata de café o de leche en polvo irán bien.

2 Corta el cuello del globo. Puede que necesites unas tijeras afiladas, en ese caso lo hará un adulto.

3 Ahora cubre la boca de la lata con el globo, estirándolo. Puedes usar dos globos para crear un parche de bongó más duradero.

4 Fija el globo con un par de gomas elásticas. ¡Ya puedes hacer sonar el bongó, la maraca o el güiro!

Información ecológica

Para esta manualidad empleamos materiales reciclables que tenemos en casa.

materiales

- Latas vacías y limpias
- Arroz o lentejas crudos
- Globos
- Tijeras
- Gomas elásticas

Tobilleras de cascabeles

Con unos cascabeles tintineantes en los tobillos bailar es mucho más divertido. Además, quedan de fábula, y ¡son un regalo maravilloso para tus hijos y sus compañeros de baile!

Los pasos

1 Corta dos trozos de lana/hilo, de 1,20 m de largo cada uno. Dóblalos por la mitad.

2 Únelos con un nudo formando un lazo pequeño.

3 Por el lazo, prende la lana con el alfiler al trozo de cartulina o poliestireno. Ahora ya puedes empezar a hacer los nudos con los cuatro hilos de lana.

materiales

Para cada tobillera se necesita:

- Lana / hilo (2,4 m)
- Tijeras
- Alfiler
- Un trozo de cartulina o poliestireno expandido
- 13 cascabeles pequeños (de 7,5 mm)

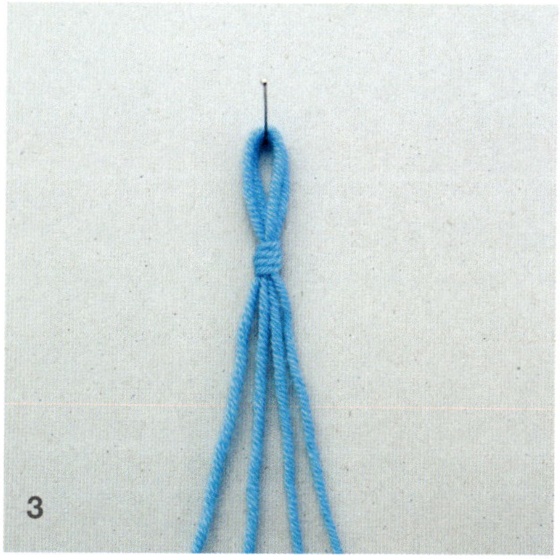

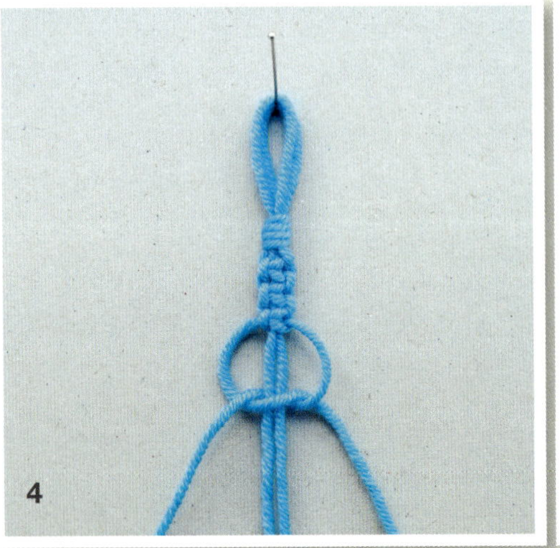

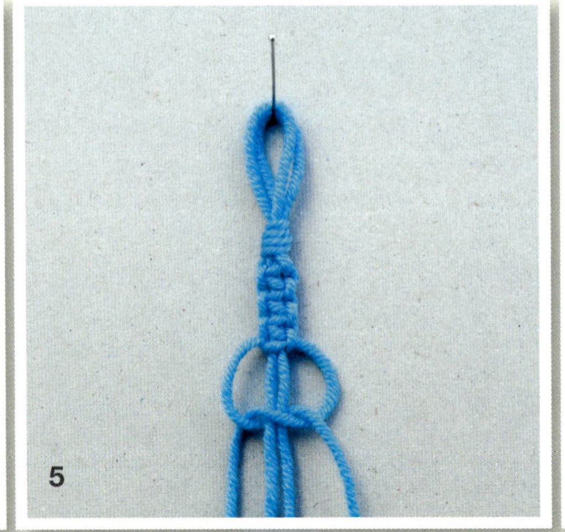

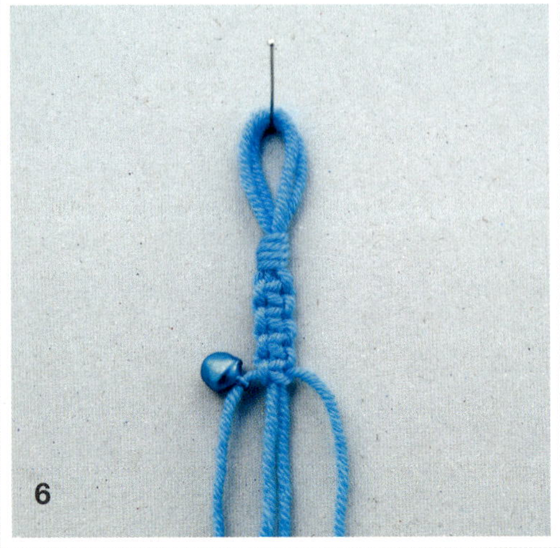

4 Debes hacer cuatro nudos llanos. Esta técnica requiere de la ayuda de un adulto. Puede parecer un poco difícil al comienzo, pero con un poco de práctica le cogerás el truco. Pasa el hilo derecho por encima de los dos hilos centrales. Luego el izquierdo por encima del derecho, por debajo de los dos centrales y a través del lazo formado por el hilo derecho. Tira de los hilos derecho e izquierdo hasta ajustar el nudo.

5 Pasa el hilo izquierdo por encima de los dos hilos centrales. Luego el derecho por encima del izquierdo, por debajo de los dos centrales y a través del lazo formado por el hilo de la izquierda. Tira de los hilos derecho e izquierdo hasta ajustar el nudo. ¡Eh, pero si ya lo tienes! Repite hasta completar los cuatro nudos llanos.

6 Coloca un cascabel en el hilo de la izquierda y haz dos nudos. Repite la operación trece veces. Haz dos nudos llanos más.

7 Recorta las puntas dejando 6 cm. Colócate los cascabeles en los tobillos como si fueran pulseras.

Información ecológica

Para esta manualidad empleamos lana, que es un recurso renovable. Si quieres ser aún más ecológico intenta destejer una bufanda vieja y vuelve a utilizar la lana para hacer estas tobilleras de cascabeles.

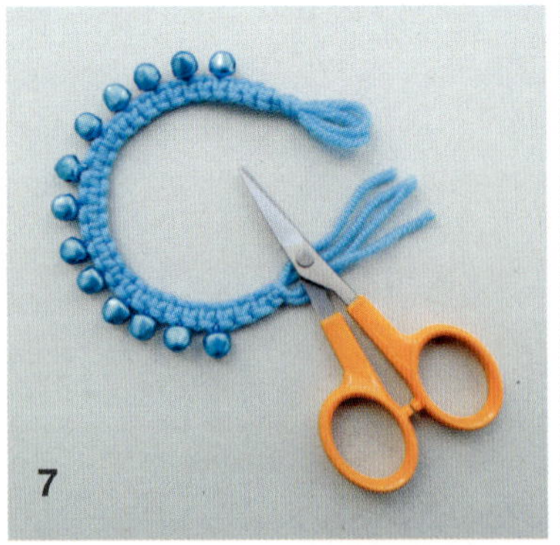

materiales

- Tubo largo de cartón (uno de correo sería ideal)
- Cola blanca
- Tira larga de papel de aluminio
- Un vaso pequeño de judías secas o arroz crudo
- Papel para decorar el exterior del tubo
- Cinta adhesiva

Palo de agua

El palo de agua es un instrumento peruano que tradicionalmente se hace con un cactus seco y vacío. Afortunadamente nosotros podemos realizar uno parecido y muy bonito, con solo un tubo de cartón y un poco de arroz crudo.

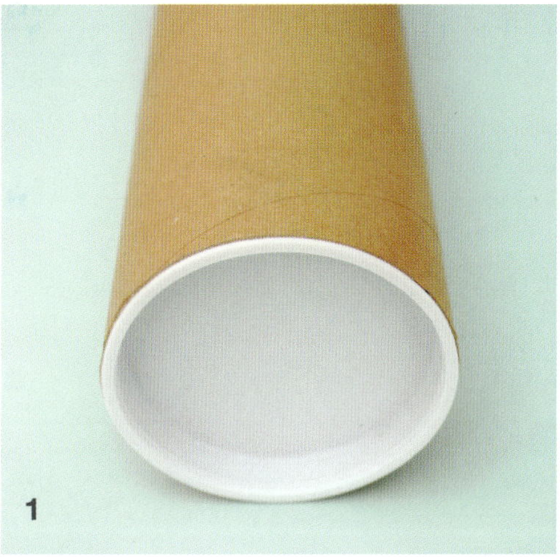

1

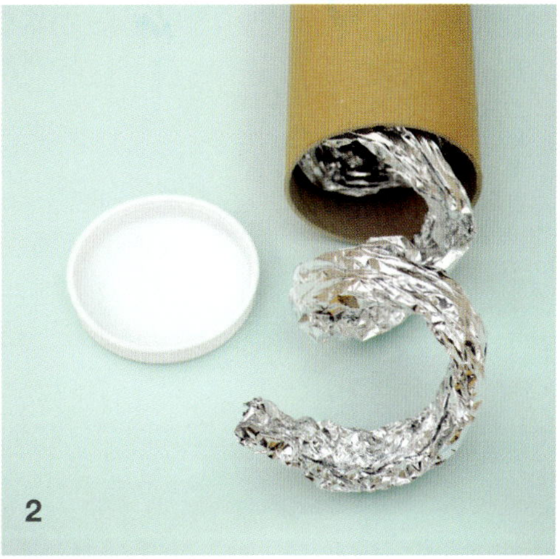

2

3

Los pasos

1 Sella un extremo del tubo. Los tubos de correo normalmente vienen con una tapa de plástico. Si el tuyo la trae, fíjala con pegamento. Si no trae tapa, utiliza cartón y cinta adhesiva.

2 Toma un trozo grande de papel de aluminio, que sea el doble de largo que el tubo. Arrúgalo dándole forma de serpiente larga. Mete la serpiente en el interior del tubo, enroscándola como un resorte a medida que lo haces.

3 Echa los granos de arroz crudo por el extremo abierto del tubo.

4 Cierra el extremo abierto del tubo y decora tu palo. Nosotros lo hemos hecho con papel, pero con rotuladores o lápices de colores también queda precioso.

Consejos y sugerencias

Para hacer sonar el palo de agua solo tienes que inclinarlo en un ángulo de 45 grados. Mientras lo inclinas, vuélvelo suavemente hacia el otro lado para mantener el sonido por más tiempo. También puedes usarlo como maraca.

Información ecológica

Para esta manualidad empleamos materiales reciclables que tenemos en casa. ¡Por favor, reciclad siempre el papel de aluminio después de usarlo!

Xilofón de botellas

Aquí tenemos otro espléndido instrumento musical que se puede hacer reciclando frascos y botellas. A los niños les fascinará aprender cómo cambia el sonido de los recipientes según aumenta o disminuye el nivel del agua.

materiales

- 6 botellas, frascos o vasos de vidrio
- Agua
- Jarra
- Embudo
- Colorante alimentario
- Palos pequeños o varillas

Los pasos

1 Coloca las botellas en fila y pídele a tu ayudante que vierta agua en ellas utilizando la jarra y el embudo. Añade un poco más de agua a cada botella, de modo que contengan diferentes cantidades.

2 Añade unas gotas de colorante alimentario. Escoge un color diferente para cada botella. Si quieres crear otros colores mezcla los colorantes (esto te dará la oportunidad de explicarle a tu hijo la teoría del color).

3 Dale al pequeño una varilla (o un trozo pequeño de madera) y haz que dé golpecitos en las botellas para descubrir los diferentes sonidos que cada una produce.

Consejos y sugerencias

Mientras golpeas las botellas de tu xilofón notarás que las que tienen más agua producen un sonido más grave que las que tienen menos agua. Pero si, en lugar de golpearlas, soplas en el pico de cada botella, ¡verás que produce el efecto contrario!

1

2

3

Anillas con cintas

A los pequeños les encanta bailar y moverse al ritmo de la música, y es mucho más divertido agitando unas chulísimas anillas con cintas de colores. Puedes salir con tus anillas al jardín y ver cómo ondean las cintas en el aire.

materiales

Para cada anilla necesitarás:

- Cinta satinada (1,6 cm de ancho)
- Tijeras
- Hilo
- Mechero
- Anilla de cortina de madera (6 cm de diámetro)

Los pasos

1 Empieza cortando seis trozos de cinta. Aquí hemos empleado los colores del arcoíris, pero tú puedes utilizar los que tengas a mano. Cada trozo de cinta debe tener una medida aproximada de un metro.

2 ¡Esto solo lo harán los adultos! Quema con el mechero las puntas de la cinta para evitar que se deshilache. Para hacerlo, coge el extremo de la cinta a unos milímetros de distancia de la llama, hasta que el borde empiece a derretirse.

3 Envuelve el extremo de cada trozo de cinta alrededor de la anilla y sujétalo con hilo. Ata el hilo con fuerza para asegurarlo.

Consejos y sugerencias

También puedes utilizar cintas de seda. Así se consigue un efecto más ligero y las cintas parecen flotar.

Información ecológica

Si no encuentras anillas de cortina en casa, sal al jardín a buscar un palo. ¡Ya verás que encontrarás uno perfecto!

1

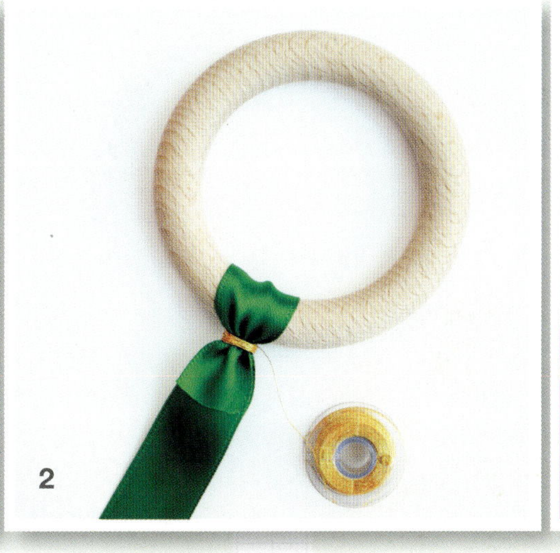
2

3

NATURALEZA

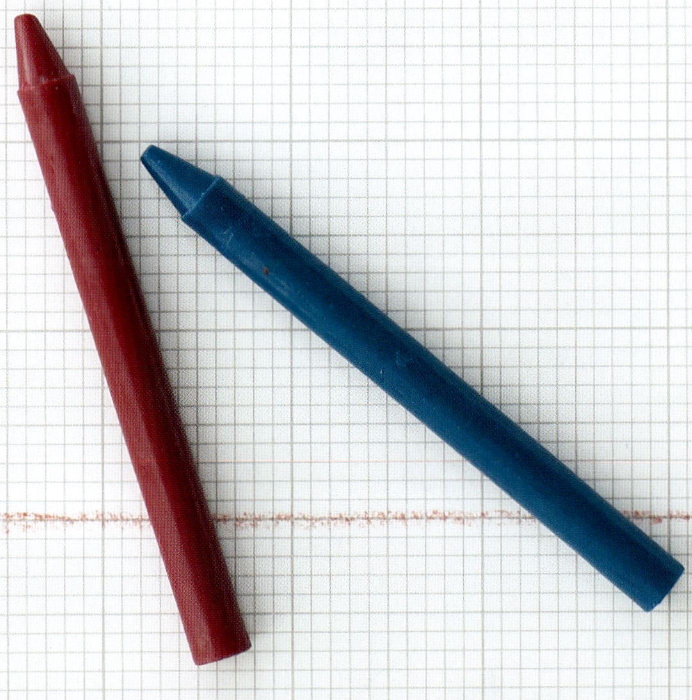

Bombas de semillas

Haz que tus chicos practiquen un poco de guerrilla de jardinería y ayúdalos a crear bombas de semillas. Es una ocasión perfecta para introducir nueva vegetación en los espacios públicos abandonados.

Materiales

- Un poco de arcilla de modelar (terracota)
- Un recipiente para la mezcla
- Un poco de abono vegetal
- Agua
- 2 paquetes de semillas de flores silvestres

Los pasos

1 Corta la arcilla en pequeños trozos y mézclala en un cuenco con el abono y un poco de agua. Mezcla la arcilla con el abono con tus manos o un tenedor hasta que formen una masa. Esta es una tarea que ensucia mucho, así que asegúrate de que los niños se laven las manos al terminar.

2 Esparce los dos paquetes de semillas de flores sobre la mezcla de barro y abono, y sigue mezclando.

3 Transforma la masa en bolitas del tamaño de una uva. Colócalas sobre una bandeja y déjalas al sol para que se sequen. Normalmente tardan un día o dos en secarse.

Consejos y sugerencias

Asegúrate de utilizar semillas autóctonas de la zona donde vives.

Información ecológica

Esta actividad requiere del uso de materiales naturales y es beneficiosa para el medio ambiente.

1

2

3

Piedras de decoración

Una excursión por la naturaleza es siempre una magnífica excusa para salir de casa. La próxima vez aprovecha para recoger tesoros naturales. Luego podrás conservar su forma y textura en arcilla.

Los pasos

1 Sal a dar un paseo por la naturaleza y recoge una buena cantidad de objetos que puedan crear interesantes motivos en la arcilla.

2 Corta la arcilla en una bola del tamaño de un huevo.

3 Incrusta cada objeto en una bola de arcilla para crear un motivo decorativo y deja tu bola encima de la bandeja para hornear.

4 Ahora debes cocer al horno las piedras de decoración, siguiendo las instrucciones del fabricante de arcilla.

Consejos y sugerencias

Ten en cuenta que los objetos naturales que escojas deberán ser lo bastante sólidos para poder incrustarse en la arcilla. Los motivos decorativos más bonitos se obtienen con conchas, cortezas, flores, hojas, semillas y vainas.

Información ecológica

Para esta manualidad se emplean materiales naturales.

materiales

- Un paquete de arcilla de modelar para el horno
- Cuchillo
- Objetos naturales como hojas, flores, semillas o conchas
- Bandeja para hornear
- Manopla de cocina

La casita de los insectos

A los niños les gustan los insectos (¡a veces demasiado!), así que por qué no echarles una mano a los insectos y construirles su propia casita.

materiales

- Una caja de madera vieja
- Barrena
- Cordeles / cuerdas
- Cañas de bambú y palos
- Serrucho
- Cartón
- Cúter

1

2

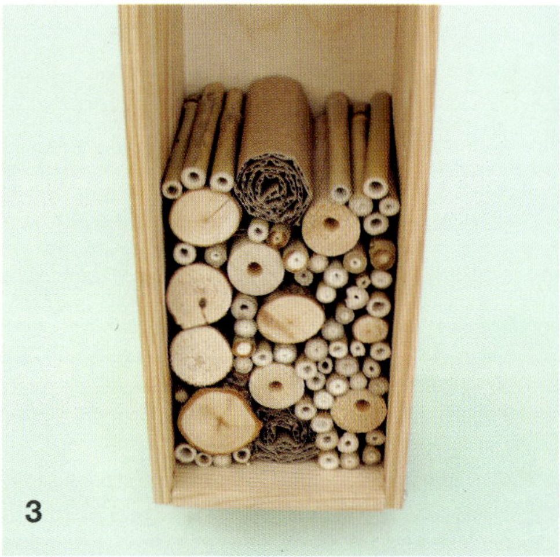
3

Los pasos

1 Para hacer una asa, haz dos agujeros en la parte superior de la caja y pasa una cuerda a través de ellos (tarea para adultos). Una vez acabada, la caja pesará mucho, así que asegúrate de que el asa sea lo bastante resistente para soportar el peso.

2 Esta tarea solo es para adultos. Mide la profundidad de la caja. Luego utiliza un serrucho o una sierra circular para cortar los palitos y las cañas en trozos de la misma medida. Luego corta un trozo de cartón para que quepa a lo hondo de tu caja y enróllalo. La cantidad de palitos y rollos de cartón que necesites depende del tamaño de la caja.

3 Ahora tu hijo puede empezar a llenar la caja con los trozos de palitos, cañas y cartón. Que la llene hasta que no quede más espacio.

4 Cuelga o coloca la casita en un lugar seco y resguardado, y espera a que los insectos se muden.

Información ecológica

Esta actividad requiere del uso de materiales naturales y reciclables, y es beneficiosa para el medio ambiente y la vida salvaje.

Barquitos de nueces

Me encantan estos barquitos. Puedes llevarlos al arroyo para su primera travesía, o si prefieres quedarte en casa, puedes hacerlos navegar en el barreño de la ropa.

materiales

- Cáscaras de nueces
- Rompenueces
- Plastilina / Blu-Tack
- Palillos o pinchos de madera (cortados en trozos de 8 cm de largo)
- Papel decorativo (en trocitos de 5 x 4 cm)
- Perforadora para papel

Los pasos

1 Con un rompenueces parte algunas nueces en dos. Intenta partirlas por la mitad, donde está el borde levantado. Así las nueces deberían abrirse sin problema en dos mitades.

2 Haz una bolita de plastilina lo bastante pequeña para que entre en media cáscara de nuez. Clávala en un extremo del palillo. Toma el cuadradito de papel y hazle dos agujeros, a 5 mm de los bordes. Ya tienes la vela. Ahora ensarta el mástil por los agujeritos.

3 Fija la plastilina sobre la base de la cáscara de nuez, que será el casco del barco. ¡Y a navegar!

1

2

3

Comedero para pájaros

Si afuera hace un tiempo horrible, ¿por qué no preparar algo para que picoteen tus amigos con plumas? Es muy fácil, y a los pajaritos les encantará.

materiales

• Jarra o cuenco para realizar la mezcla
• Gelatina • 1/2 vaso de agua
• Semillas para pájaros • Tenedor
• Moldes para galletas o magdalenas
• Aceite vegetal • Pincho de madera
• Cordel o cinta

Los pasos

1 Prepara la gelatina siguiendo las instrucciones del paquete. Para esta receta necesitarás media taza. Déjala reposar hasta que empiece a ponerse sólida. Añade las semillas a la gelatina. Mézclalo todo bien con un tenedor hasta que las semillas estén bien integradas.

2 Unta el interior de los moldes para galletas con un poquito de aceite. Luego, con un tenedor, llena los moldes. Pon los moldes en la nevera y déjalos reposar un par de horas.

3 Con cuidado extrae el contenido de todos los moldes y déjalo en un plato hasta que esté bien seco. A temperatura ambiente suele tardar dos días.

4 Una vez que el alimento para pájaros esté seco y sólido, haz un agujero en el centro de cada galleta de gelatina con un pincho de madera y pasa un cordel o una cinta. Luego cuélgalas en un árbol.

Consejos y sugerencias

Al colgar el comedero en el árbol asegúrate de hacerlo en un lugar resguardado de la lluvia, para que la gelatina no se derrita. Si quieres hacer un comedero a prueba de lluvia, prepárala con manteca de cerdo y no con gelatina. Solo tienes que derretir la manteca y echarla sobre las semillas, y luego llena los moldes de galletas.

Información ecológica

Esta actividad proporciona alimento a nuestros amigos los pájaros durante los meses de invierno.

ENVASES RECICLABLES

Caleidoscopio

He aquí un juguete que nunca pasa de moda. Podemos hacer un caleidoscopio utilizando cuentas olvidadas en un cajón. Los niños alucinarán con todas las formas y colores que se pueden ver en el interior.

Los pasos

1 Con un clavo y un martillo haz un agujero en la base metálica del tubo (esta tarea solo es para adultos).

2 Crea un prisma reflectante cortando tres tiras de cartulina espejo (solo adultos). Las tiras deberían tener 2 cm menos de largo que la longitud del tubo. Para calcular el ancho de las tiras, mide el diámetro del tubo y multiplícalo por 0,866. Pega con cinta las tres tiras de cartulina para formar un prisma triangular.

3 Introduce el prisma en el tubo hasta que toque el otro extremo. Fíjalo con cinta adhesiva.

materiales

- Un tubo de patatas o galletas, vacío y limpio
- Martillo • Clavos
- Una cartulina espejo (o papel de aluminio adherido a una cartulina)
- Tijeras • Regla
- Cinta adhesiva
- Plástico transparente
- Lápiz
- Papel de calco
- Cuentas o pequeños objetos transparentes y de color

1

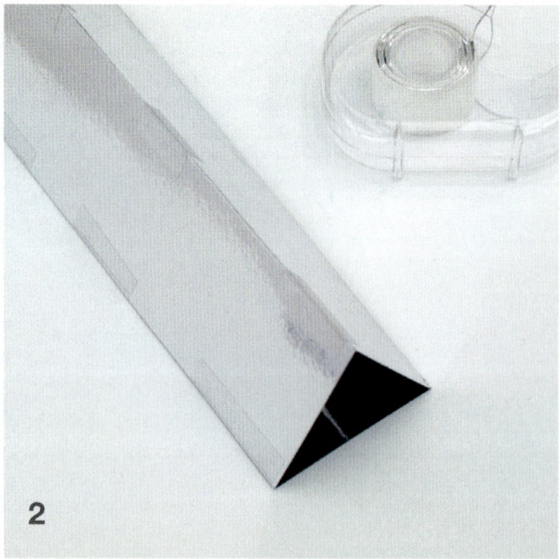

2

3

4 Coloca el tubo verticalmente sobre un trozo de plástico transparente y dibuja un círculo con lápiz alrededor del tubo. Recorta el círculo y cubre con él la parte superior del prisma. Pégalo en su sitio. Encima coloca las cuentas, pero no lo sobrecargues, ya que las cuentas necesitan espacio para moverse.

5 Coloca el tubo verticalmente sobre un trozo de papel de calco y dibuja un círculo con lápiz alrededor del tubo. Recorta el círculo de papel de calco y úsalo para revestir el interior de la tapa de plástico del tubo, creando un efecto nevado.

6 Coloca la tapa y fíjala con cinta adhesiva o cola. Una vez que el caleidoscopio esté listo, deja que tu hijo lo decore con papel, fieltro o lápices de colores.

Consejos y sugerencias

- Antes de empezar con el caleidoscopio, haz que tu hijo explore toda la casa en busca de pequeños objetos de colores preferentemente para poner dentro del cilindro.
- Si no tienes a mano un tubo de galletas o de patatas, puedes utilizar un rollo de papel de cocina.

Información ecológica

Esta actividad demuestra la importancia de reciclar aquellos materiales que todavía pueden aprovecharse, en lugar de tirarlos a la basura.

4

5

6

Laberinto con canicas

Si te sobran unas tuercas y tornillos de algún bricolaje, este laberinto es una manera genial de usarlos. Cuando tu pequeño le haya cogido el truco, solo tienes que mover las gomitas y ¡transformarlo en un nuevo laberinto!

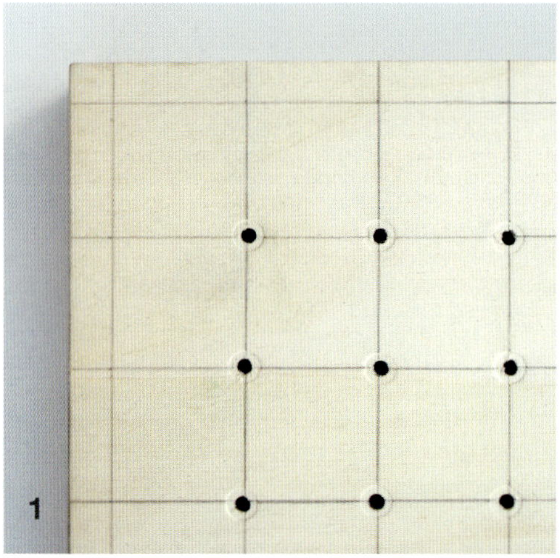
1

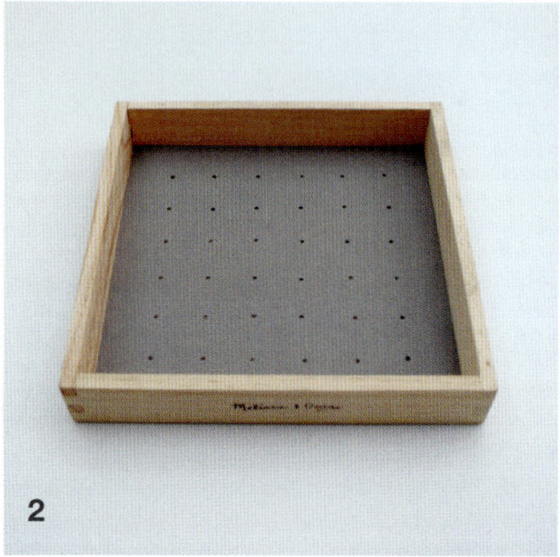
2

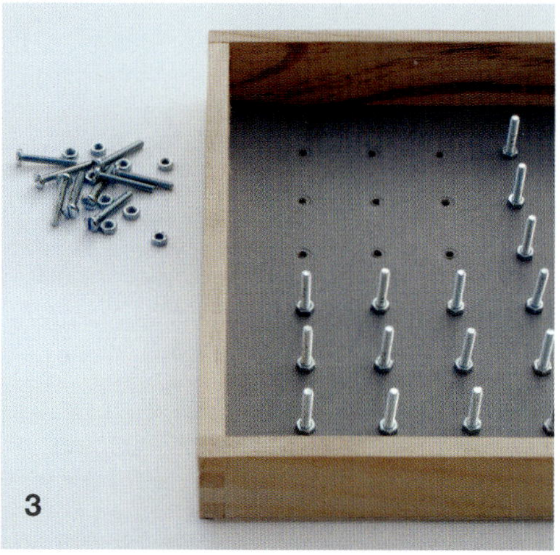
3

Los pasos

1 Con un lápiz y una regla dibuja una cuadrícula sobre el fondo de la caja. El número de cuadrados dependerá del tamaño de tu caja. Como regla general, cada cuadrado debe tener una medida de unos 3 cm^2.

2 Con cuidado, taladra un agujero en cada intersección de la cuadrícula (¡solo para adultos!).

3 Gira la caja e introduce un tornillo en cada orificio y sujétalos con unas tuercas.

4 Engancha las gomas elásticas a los tornillos para crear el laberinto. Si necesitas inspiración busca en internet: busca por ejemplo *"Maze Generator"*, que te da opciones para diseñar un laberinto.

5 Usa pegatinas para marcar el comienzo y el final del laberinto. Luego echa a rodar la canica, ¡y a jugar!

Consejos y sugerencias

Si no tienes demasiado tiempo o no tienes una caja de madera, haz un laberinto con una caja de cartón. Recorta los laterales de la caja de manera que te quede una bandeja poco profunda. Utiliza pajitas para crear los muros del laberinto. Fíjalas en el fondo de la caja con cinta adhesiva. ¡Rápido y fácil!

Información ecológica

Para esta actividad podemos usar todas esas gomitas que se suelen desechar.

materiales

- Una caja de madera vieja (tiene que ser poco profunda)
- Lápiz
- Regla
- Taladro y brocas de 3 mm
- Tornillos y tuercas de 3 mm
- Gomas elásticas
- Pegatinas
- Canicas

4

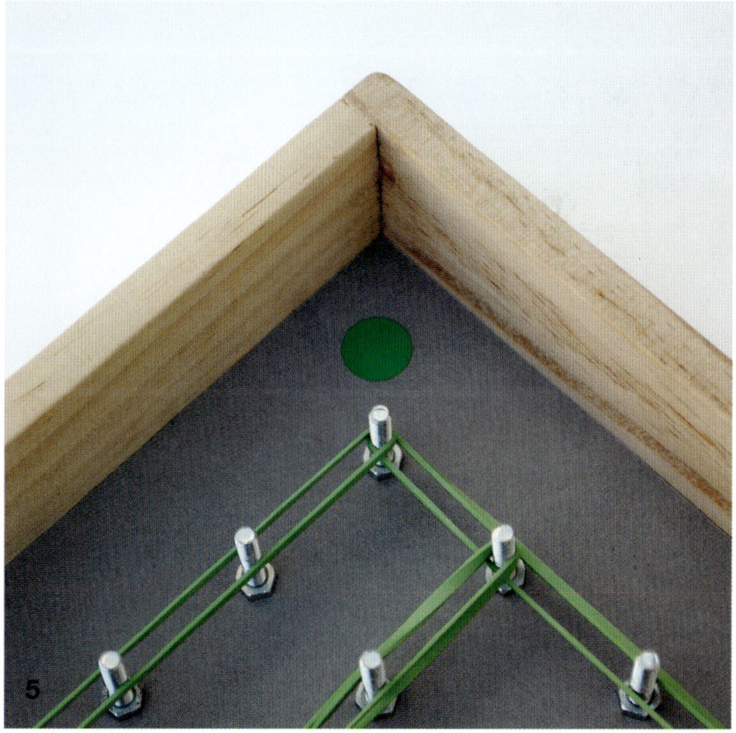
5

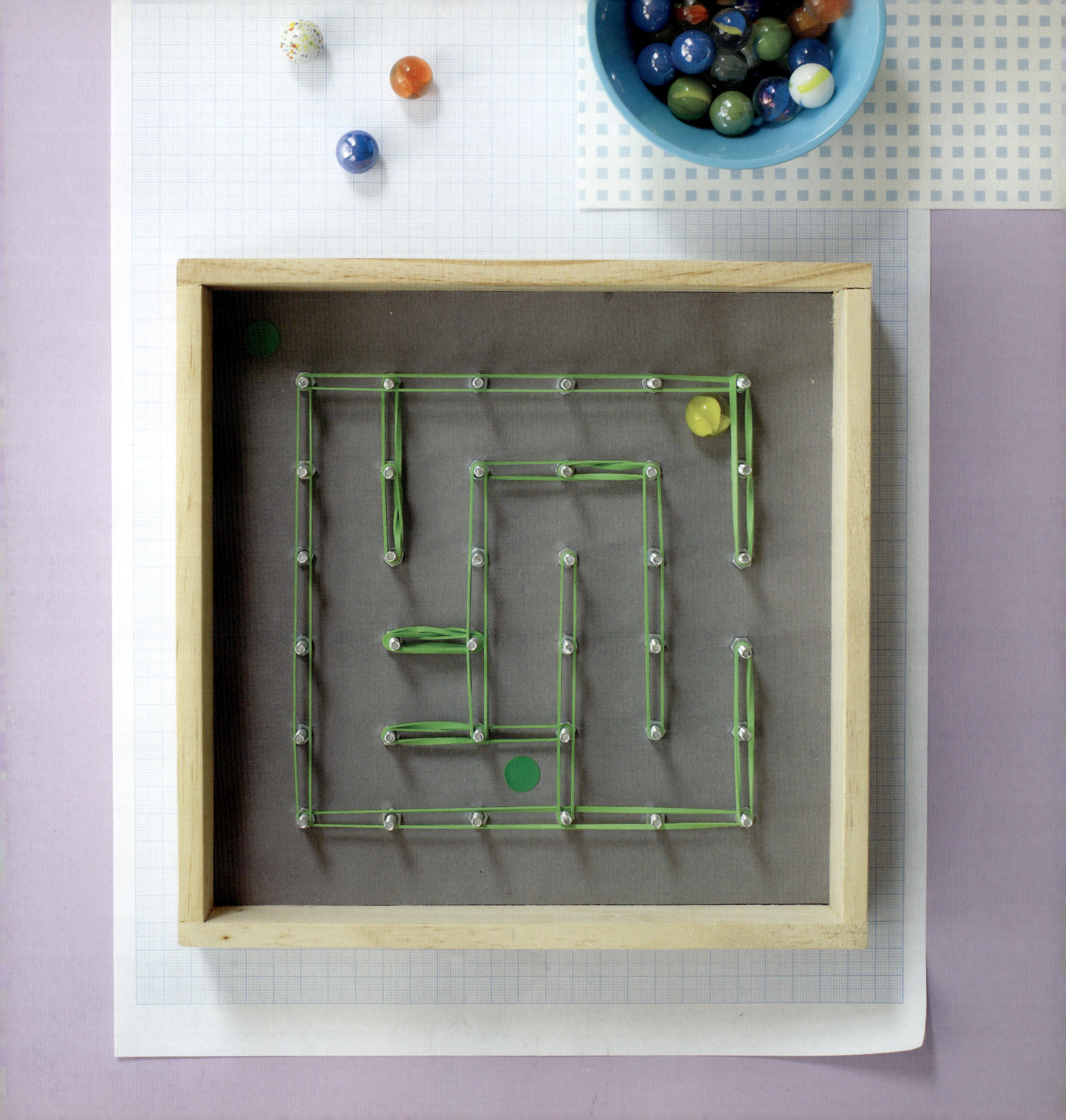

Lanzador de pompones

Este es un invento fantástico para entrenar la coordinación entre la vista y la mano. Y además te puedes fabricar uno tú mismo en un plis plas. Son ideales para las fiestas infantiles o las tardes de lluvia.

materiales

- Vaso de papel
- Cúter / tijeras
- Globo
- Pompones o bolas de papel
- Cinta adhesiva

Los pasos

1 Corta cuidadosamente la base del vaso de papel, utilizando un cúter o unas tijeras (esta tarea es solo para adultos).

2 Haz un nudo en el globo deshinchado. Luego realiza un pequeño corte con las tijeras por el otro lado.

3 Estira el globo y ajústalo a la base del vaso. Puedes usar una gomita elástica para que quede bien ajustado.

4 Para empezar a jugar, mete el pompón en el vaso y tira del extremo anudado del globo. Al soltarlo, el pompón saldrá disparado del vaso. Trata de atraparlo en el aire con el vaso mientras cae.

Consejos y sugerencias

Si no tienes pompones en casa, haz bolas de papel arrugado. Siempre es mejor usar algo ligero, de este modo el pequeño no dañará el techo. ¡Ni a nadie de la casa!

Información ecológica

Para esta manualidad empleamos materiales reciclables que tenemos en casa.

1

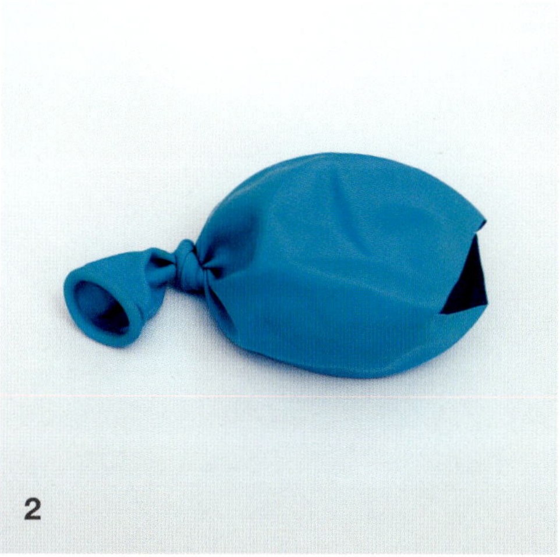

2

3

Imanes para pescar

Los juegos de pesca siempre son divertidos, y se pueden practicar en el baño o en la piscina infantil. Usa la caña para intentar coger estos escurridizos pececillos de papel.

1

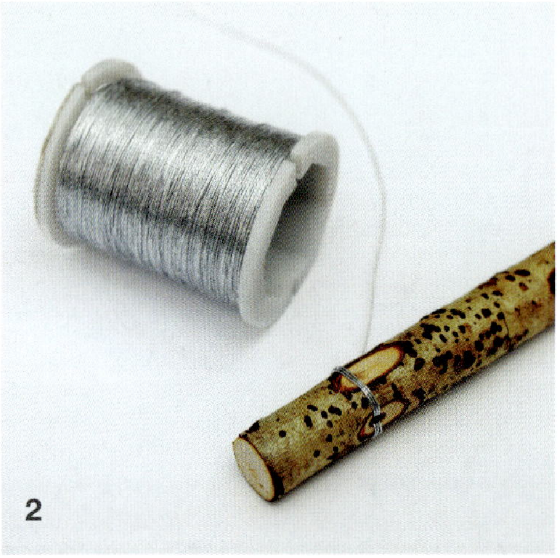

2

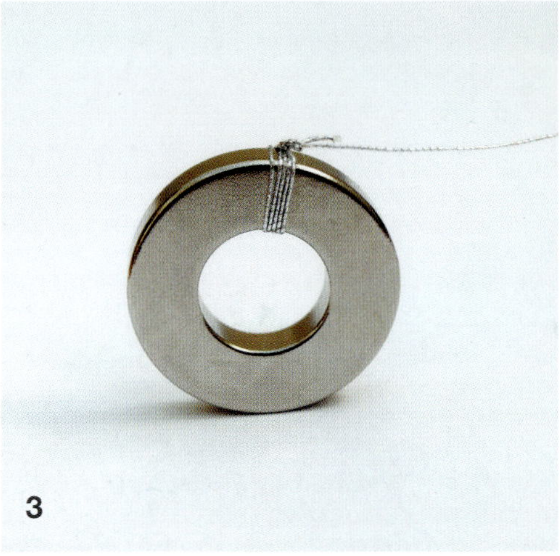

3

Los pasos

1 Consigue un palo para usar como caña de pescar. Córtalo según la medida que prefieras. Lija las puntas y alisa los nudos con un cúter. Haz un agujero en uno de los extremos (de esto último debe ocuparse un adulto).

2 Pasa el hilo por el agujero del palo y enróllalo para asegurarlo.

3 Ata el extremo del hilo al imán.

4 Fotocopia la plantilla del pez de la página 119. Recórtala, colócala sobre una hoja de plástico, dibuja el contorno y vuelve a recortarla.

5 Haz un pequeño agujero en la cabeza del pez y engancha un clip. Puedes hacer todos los peces que quieras.

Consejos y sugerencias

- Para esta manualidad se utilizan láminas de acetato, pero también se pueden reciclar los plásticos protectores que vienen en las cajas de algunos productos. ¡Si haces los peces de cartulina o cartón, ten en cuenta que no podrás jugar en la bañera!
- Si acortamos la cuerda se lo pondremos más fácil a los más pequeños.
- No olvides vigilar a los niños constantemente cuando estén cerca del agua.

materiales

- Un palo delgado
- Sierra
- Papel de lija
- Cúter / tijeras
- Barrena
- Medio metro de cuerda o hilo resistente
- Imán pequeño
- Láminas de acetato de color
- Lápiz
- Clips
- Perforadora

4

5

Botellas burbujeantes

Si tu hijo es un científico en ciernes, flipará con este experimento. Seguro que le divierte y además lo intriga. ¡Agita la botella y ya verás cuántas burbujas de colores!

materiales

- Botella pequeña de plástico transparente
- Agua
- Lavavajillas
- Colorante alimentario
- Cinta aislante

Los pasos

1 Pon 2,5 cm de agua en una botella de plástico transparente. Añade un chorrito de lavavajillas.

2 Añade unas gotitas de colorante. Rojo o verde son colores ideales.

3 Tapa bien la botella. Envuelve la tapa con cinta aislante para evitar que salga el líquido. Agita la botella y se formarán un montón de burbujas en el interior.

Consejos y sugerencias

- Las botellas deben ser de plástico y pequeñas, para que los niños puedan manipularlas fácilmente.
- Estas botellas de fantasía son juguetes también para los bebés (salvo el experimento con imanes de la página siguiente). Si te preocupa que pueda salirse la tapa de la botella, fíjala con pegamento antes de envolverla con cinta aislante.

Más experimentos con botellas

Desde una botella llena de purpurina hasta una que parece un océano en miniatura, la variedad de mundos embotellados que se pueden crear es sumamente amplia.

Botella de destellos

Llena ¼ de la botella con sirope de glucosa. Añade una cucharada de purpurina. Tápala bien. Envuelve la tapa con cinta aislante para que el líquido no se derrame. Da vuelta a la botella y observa la gama de brillos que fluyen lentamente en el interior.

Botella océano

Llena ⅓ de la botella con agua. Añade una pizca de colorante azul. Luego echa aceite para bebé o aceite de cocina hasta llenar ⅔ de la botella y añade algún barco de juguete o pececito. Tápala bien. Envuelve la tapa con cinta aislante para evitar que salga el líquido. Al girar la botella verás cómo se van formando las olas. También puedes agitarla para que se mezclen el agua y el aceite y observar cómo luego vuelven a separarse.

Botella electroestática

Corta un pañuelo de papel en cuadraditos. También puedes utilizar bolitas de poliestireno y trocitos del mismo material. Pon todo en la botella. ¡No añadas agua! Tápala bien y envuelve la tapa con cinta aislante. Frota la botella contra tu ropa y observa cómo los trocitos de papel o las bolitas de poliestireno se pegan a las paredes interiores de la botella.

Botella magnética

Coloca un puñado de pequeños objetos metálicos como clips, alfileres, tuercas, o bisutería dentro de una botella vacía. Tápala bien. Envuelve la tapa con cinta aislante. Frota el exterior de la botella con un gran imán y conseguirás que se muevan todos los objetos que están en el interior.

Información ecológica

Para esta manualidad empleamos todas esas botellas de plástico que se acumulan en el cubo de reciclaje.

Castillo de cartón

Un castillo como este es el regalo perfecto. No cuesta nada hacerlo, y los pequeños se lo pasarán en grande decorándolo antes de ponerse a jugar.

Los pasos

1 Fotocopia las plantillas del castillo de la página 116-118 y recórtalas.

2 Coloca las plantillas sobre una lámina de cartón ondulado y dibuja los contornos con lápiz.

3 Corta las formas y hendiduras con una regla de metal y un cúter (esta tarea es solo para adultos).

4 Una vez que ya tengas todas las piezas, ensámblalas por las muescas y crea tu castillo como en el ejemplo.

Consejos y sugerencias

Deja que tu hijo decore el castillo. Será mejor que lo pinte con rotuladores o lápices de colores, ya que la pintura dejaría el cartón húmedo y blando.

Información ecológica

Para esta manualidad empleamos esas cajas grandes en las que vienen los aparatos electrónicos o las piezas de los muebles.

materiales

- Cartón ondulado
- Lápiz
- Tijeras
- Cartón ondulado
- Cúter
- Regla de metal
- Rotuladores
- Lápices de colores

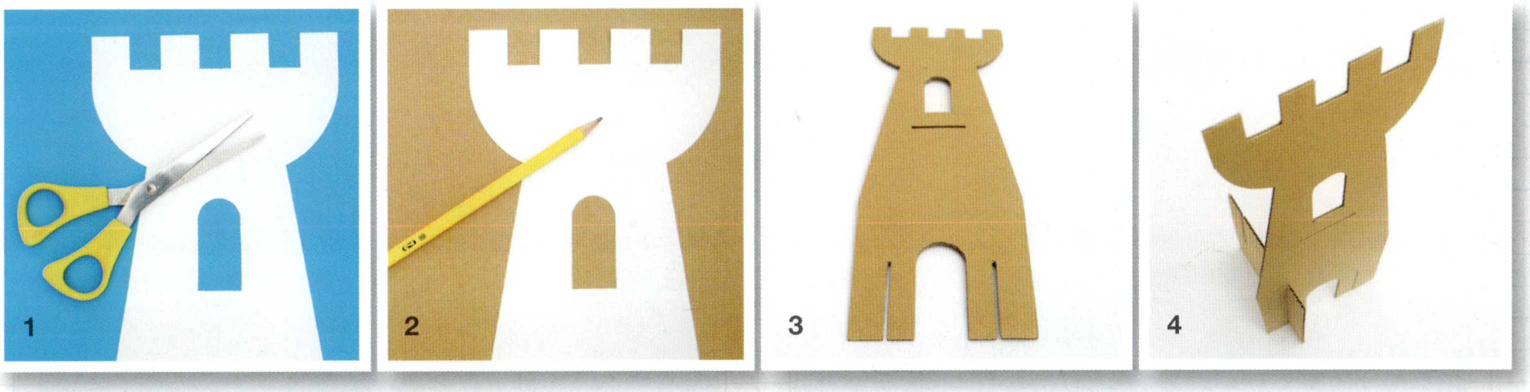

Papel y cartulina

Teatro de sombras

Este juego les dará a tus hijos una buena excusa para que vayan por la casa a oscuras con una linterna. También se puede practicar delante de una ventana soleada.

materiales

- Tijeras / cúter
- Cartulina de color
- Lápiz
- Cinta adhesiva
- Palitos de madera (como los de helado)
- Linterna

Los pasos

1 Fotocopia las plantillas de la página 120. Recórtalas y colócalas sobre la cartulina para dibujar los contornos.

2 Recorta las siluetas con un cúter o tijeras (que lo haga un adulto).

3 Utiliza cinta adhesiva para pegar un extremo de los palitos a la parte posterior de las figuras.

4 Corre las cortinas y con una linterna proyecta las sombras sobre la pared.

Consejos y sugerencias

Si a tu pequeño le gusta montar sus propios espectáculos, ¿por qué no ayudarlo a preparar un teatro de títeres con sombras? Todo lo que necesitas es una caja de cartón grande, una sábana blanca y una lámpara. Después del ensayo puedes preparar palomitas y reunir a algunos miembros de la familia, ¡y que comience el espectáculo!

Información ecológica

¡Si quieres ser aún más ecológico utiliza una linterna de cuerda!

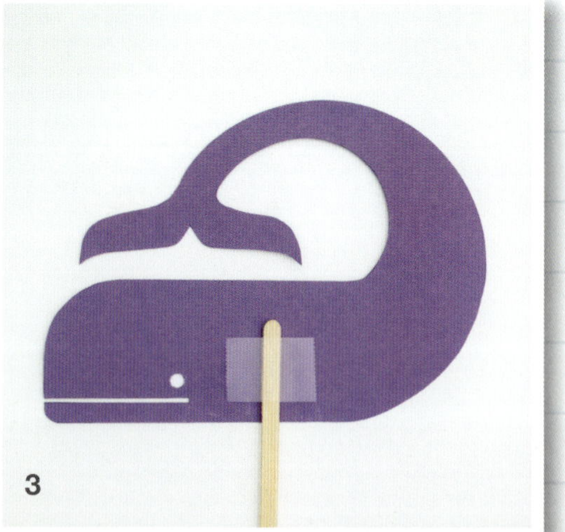

Mensaje en un botellín

Estos simpáticos frasquitos son ideales para regalar a los seres queridos, y muy fáciles de preparar. Solo hay que introducir un bonito papel enrollado con un mensaje especial y algunos pequeños objetos decorativos.

Los pasos

1 Primero quita la etiqueta del frasco con agua caliente. Sécalo bien.

2 Recorta un trozo de papel (solo adultos) que no sea más largo que el frasco y deja que tu pequeño escriba en él una dedicatoria o haga un dibujo. Enrolla el papel y átalo con un hilo o una cinta.

3 Introduce el mensaje en el botellín, y añade un poco de purpurina, papel confeti y otros recuerdos que queráis obsequiar. Tapa el frasco y regáláselo a un amigo o un familiar.

materiales

- Botellín de vidrio
- Agua
- Hojita de papel blanco
- Tijeras
- Bolígrafos o lápices de colores
- Hilo
- Papel confeti
- Purpurina

Información ecológica

Los regalos caseros que hacemos con materiales reciclados son mucho más ecológicos que los que compramos en las tiendas.

1

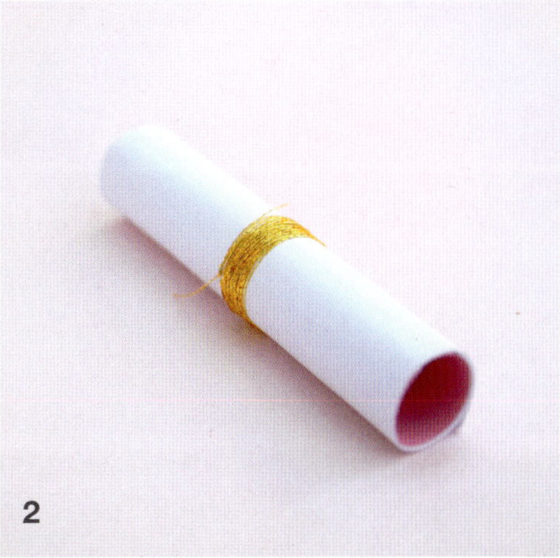

2

3

Catapultas para aviones

Este dispositivo para lanzar avioncitos es genial para la coordinación de la vista y la mano. Una vez que el pequeño haya afinado la puntería, será mejor que te agaches. ¡Estos aviones pueden volar muy lejos!

materiales

- Hoja de papel DIN A4.
- Perforadora
- Gomitas elásticas
- Palitos de madera

1

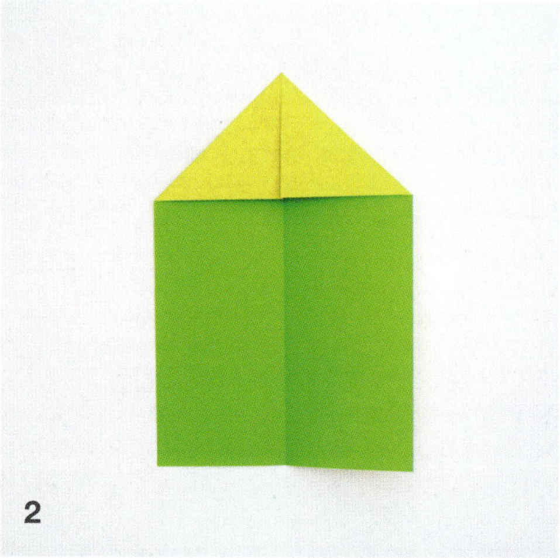

2

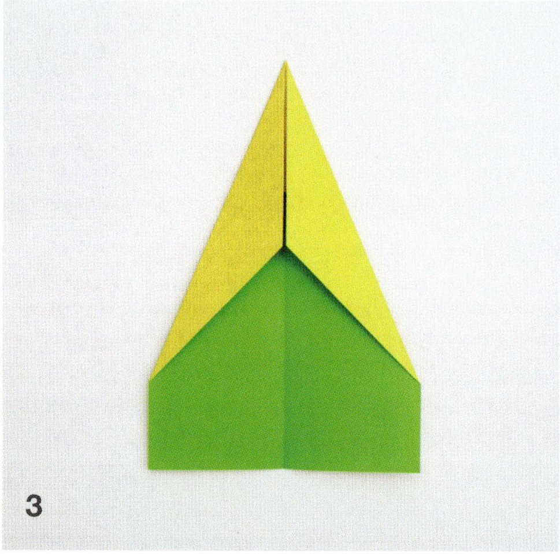

3

Los pasos

1 Dobla la hoja por la mitad a lo largo. Presiona bien el pliegue y vuelve a desplegarla.

2 Guíate por la fotografía de arriba, y dobla los vértices superiores hacia el interior de la hoja y presiona los pliegues.

3 Ahora dobla los dos bordes haciendo que se encuentren en el centro, como en la imagen.

4 Crea un pliegue hacia arriba a lo largo de la línea central.

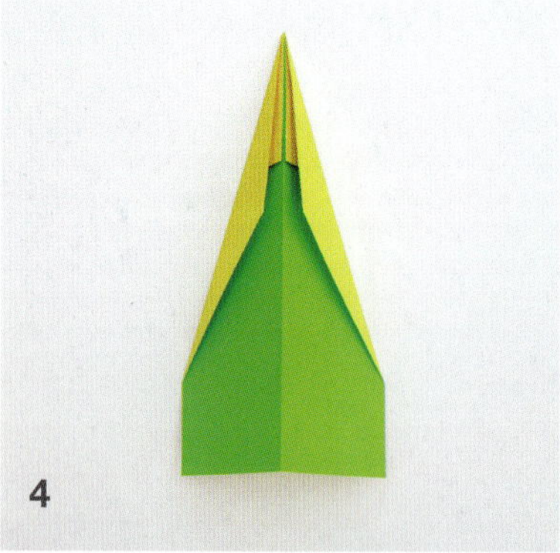

4

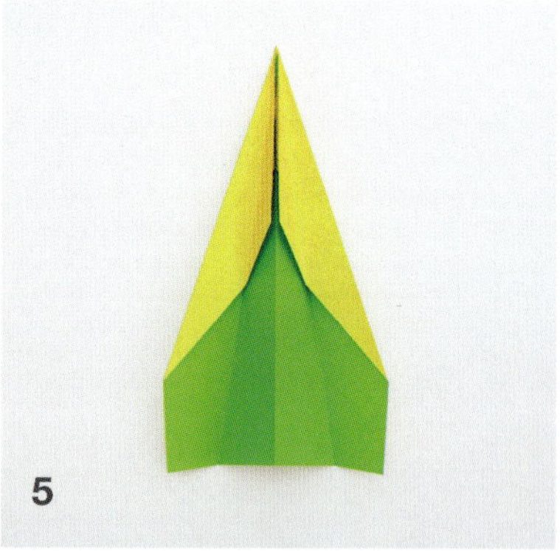

5

5 Crea las dos alas alisando los bordes a ambos lados, como se muestra en la imagen.

6 Haz un agujero en la base del avión, como en la fotografía de aquí abajo.

7 Junta los lados de una gomita e introdúcela en el agujero del avión. Pasa el otro extremo de la gomita a través del lazo que ya has introducido, y tira con cuidado.

8 Con los palos de los polos o de las piruletas se pueden hacer unos lanzadores magníficos. Envuélvelo con una gomita de un color diferente de modo que parezca pintado con rotulador. Engancha la gomita del avión a la parte superior del palo, lleva el avión hacia atrás hasta que la gomita esté tirante, ¡y suéltalo!

Consejos y sugerencias

- Los chicos se divierten mucho decorando sus aviones. Solo evita que utilicen todo aquello que pueda humedecer y ablandar el papel.
- A la hora de lanzar los avioncitos ten en cuenta que pueden llegar muy lejos. Para mejores resultados (y para que no rompan nada en la casa), ¡llévalos a jugar afuera!

6

7

Comecocos colgantes

¿Te va lo retro? Si es así, aprovecha y hazle a tu hijo un móvil con el Comecocos y los fantasmillas para que cuelgue en su habitación. Y háblale de este icono de los años ochenta.

Los pasos

1 Fotocopia las plantillas del Comecocos y los fantasmas de la página 121. Recórtalas y colócalas sobre cartulinas de diferentes colores. Dibuja los bordes y vuelve a recortarlas con unas tijeras (niños) o un cúter (adultos). Para cada figura necesitarás recortar la parte delantera y la trasera del mismo color.

2 Toma uno de los fantasmas y colócale dos círculos de plástico transparente sobre los agujeros donde irán los ojos. Fíjalos con cinta adhesiva. Recorta dos círculos más pequeños de cartulina negra y fíjalos con cola en el centro de los círculos de plástico.

3 Toma dos trozos de hilo de algodón de 20 cm de diámetro y pégalos con cinta adhesiva en la parte posterior de cada uno de tus personajes. Luego une las partes delanteras y traseras y pégalas con cola.

4 Ata los fantasmas en los extremos de cada pajita, y luego ata un Comecocos en el centro de otra pajita. Amarra dos diferentes alturas de hilo a cada extremo de la pajita y únela a las pajitas de los fantasmas.

Consejos y sugerencias

Sé creativo y diseña otras formas para colgar en el móvil: estrellas, lunas, flores o coches… Si tu hijo es un artista en ciernes pídele que dibuje sus propias plantillas y escoja el color del papel.

Información ecológica

Para esta manualidad empleamos papel reciclado.

materiales

- Cartulina de color (rosa, roja, naranja, azul, amarilla y negra)
- Lápiz
- Tijeras / cúter
- Hojas de plástico o acetato
- Pegamento o cinta adhesiva de doble cara
- Hilo de algodón
- Pajitas

Frijoles de papel saltarines

Estos juguetitos de papel son una versión casera de un clásico juego para niños. Tu pequeño se divertirá mucho personificando a los frijoles de papel. Será mejor que hagas unos cuantos, porque todos los niños querrán jugar.

materiales

- Lápiz
- Tijeras
- Cartulina fina
- Rotulador o lápiz de color
- Cinta adhesiva
- Canicas

Los pasos

1 Fotocopia la plantilla de la página 119. Recórtala y colócala sobre la cartulina. Dibuja los contornos y recorta la silueta (solo adultos). Para darle vida a tu figura dibuja una cara sonriente justo en el centro, como se ve en la foto.

2 Coloca la silueta de cartulina sobre una superficie plana. Con mucho cuidado pliega ambas pestañas laterales por la línea de puntos que aparece en la plantilla original.

3 Ahora pliega uno de los extremos largos, uniéndolo a las pestañas laterales. Fíjalo con cinta adhesiva.

4 *(Ver foto de página siguiente)* Introduce la bola en el frijol saltarín.

5 *(Ver foto de página siguiente)* Pliega el otro extremo largo y pégalo con cola. Utiliza cinta adhesiva para reforzar la unión.

Información ecológica

Esta actividad nos permite volver a usar esas canicas que llevan tiempo guardadas en un cajón.

1

2

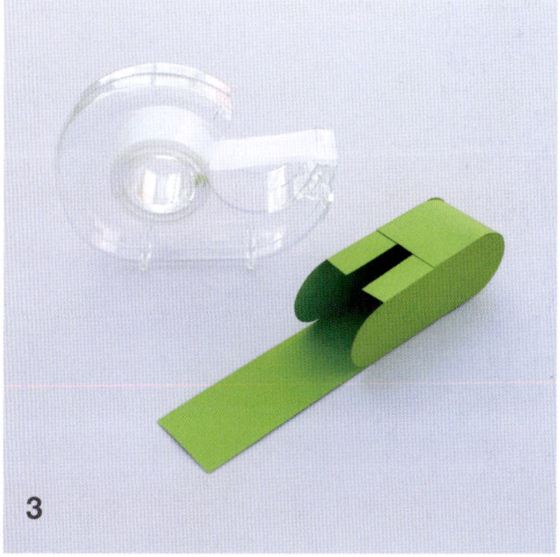

3

Consejos y sugerencias

• Tu hijo se lo pasará bien decorando los frijoles saltarines. Solo recuerda que debe hacerlo antes de plegarlos, y evitando el uso de cualquier material que humedezca la cartulina.

• A la hora de probar estos frijoles saltarines, se verá cómo su movimiento varía sobre diferentes superficies. ¿Sobre qué tipo de superficie se mueven más rápido?

• Si quieres un modelo con más agarre, olvida la cartulina y ponte a fabricar unos cuantos con un papel de lija fino.

¿Sabías que...?

• Los verdaderos frijoles saltarines son originarios de México. Crecen en un arbusto llamado *Sebastiania pavoniana.*

• Estos frijoles son en realidad vainas en las que vive la larva de una polilla gris. Después de comer el interior del frijol, la polilla se tira con fuerza de un lado a otro de la vaina, haciéndola «saltar».

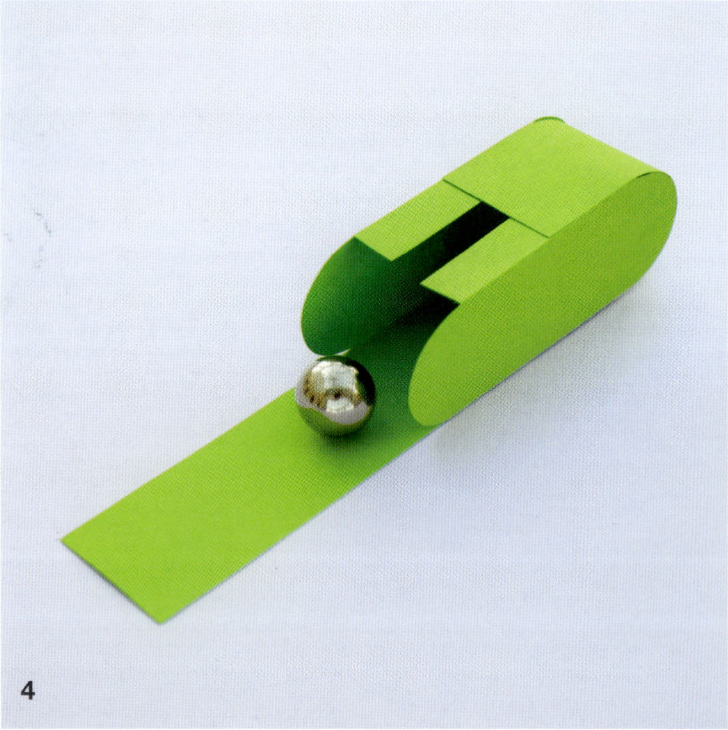
4

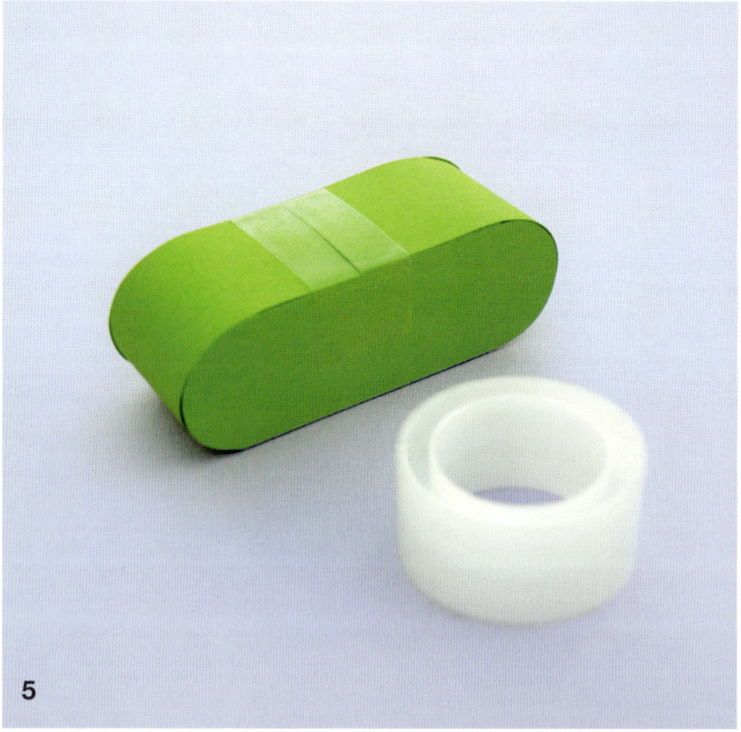
5

Aguja
e
hilo

Abalorios de papel

Hacer abalorios de papel es sumamente terapéutico, y además los pequeños empiezan a ejercitar sus manos. ¡Puede que te gusten tanto estos collares, que al final te guardarás uno para ti!

materiales

• Papel de origami de colores
• Lápiz • Regla de metal
• Tijeras/cúter
• Lápiz o pincho de madera
• Cola • Flores de papel

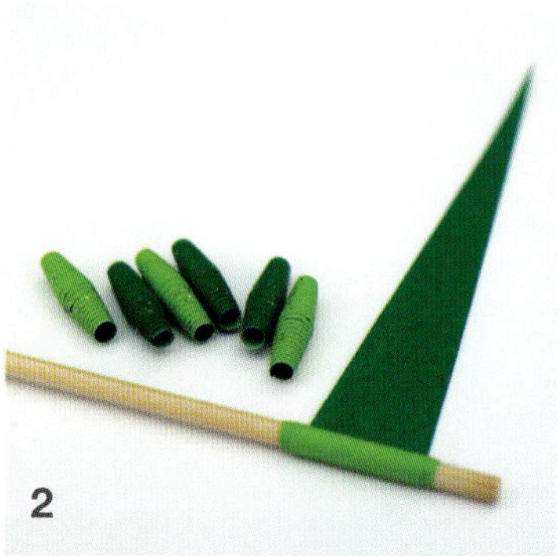

Los pasos

1 Toma un papel de origami de 15 x 15 cm y dibuja triángulos de 15 x 2 cm. Recórtalos (los niños pueden recortarlos con una tijera; los adultos pueden utilizar un cúter y una regla de metal).

2 Empezando por la base, enrolla cada triángulo alrededor de un lápiz de madera o brocheta. Cuando te queden 2 cm de papel por enrollar, pon un poco de cola en la punta del triángulo y sigue enrollándolo.

3 Mantenlo en la posición para que la cola se pegue. Con cuidado retira el abalorio de la brocheta y deja que se seque el pegamento.

4 Cuando ya tengas unos 20-30 abalorios, corta un trozo de hilo resistente y empieza a ensartarlos de uno en uno y alternándolos con las flores de papel.

Consejos y sugerencias

• Si tus niños son pacientes, no tendrán problema en hacer ellos mismos sus collares con tu ayuda. Para enrollar los triángulos de papel puedes utilizar un lápiz en lugar de una brocheta. Enséñales cómo se hace. Luego déjales que lo enrollen ellos mismos con el lápiz y pon un punto de cola al final.

• Si quieres que los abalorios se conserven por más tiempo cúbrelos con un baño de brillo.

• Las pequeñas flores de papel se pueden hacer con una perforadora, pero también pueden comprarse en las tiendas.

• Si no tienes tiempo para ponerte a hacer los abalorios de papel, haz un collar con trozos de pajita de la misma medida.

Telar de cartón

Para aprender a tejer no hace falta comprar ningún equipo caro. Todo lo que se necesita es una caja de cartón resistente, un poco de lana y el entusiasmo de un niño.

materiales

- Caja de cartón resistente (como una caja de zapatos)
- Regla
- Lápiz
- Aguja lanera
- Lana
- Tijeras
- Palos de helado

Los pasos

1 Empieza marcando los agujeros en los laterales más cortos de la caja. Para ello haz una marca en el centro, y luego realiza cinco marcas hacia cada lado, separadas por una distancia aproximada de 1 cm. Perfora cada punto con una aguja lanera.

2 Enhebra un trozo largo de lana y haz un nudo en una de las puntas. Pasa la lana por todos los agujeros que has hecho, empezando por la derecha. Asegúrate de que los hilos no queden sueltos. Este conjunto de hilos paralelos dispuestos a lo largo del telar se llama urdimbre.

3 Ahora enhebra otro trozo de lana en la aguja y pásalo alternadamente por debajo y por encima de cada lana de la urdimbre. Los hilos que pasan de un lado a otro del telar forman la trama.

4 Los telares auténticos utilizan una caña para prensar los hilos a medida que se teje. Nosotros hemos empleado un palo de helado, y funciona de maravillas.

Consejos y sugerencias

- Para los dedos pequeños siempre será más fácil usar un palo de helado en lugar de una aguja. Solo hay que hacer un agujerito en el palo y atar la lana a su extremo.
- Esta manualidad da mejores resultados si tú haces las marcas en la caja. Después puedes ayudar a tu hijo a hacer los agujeros y enhebrar la aguja.

1

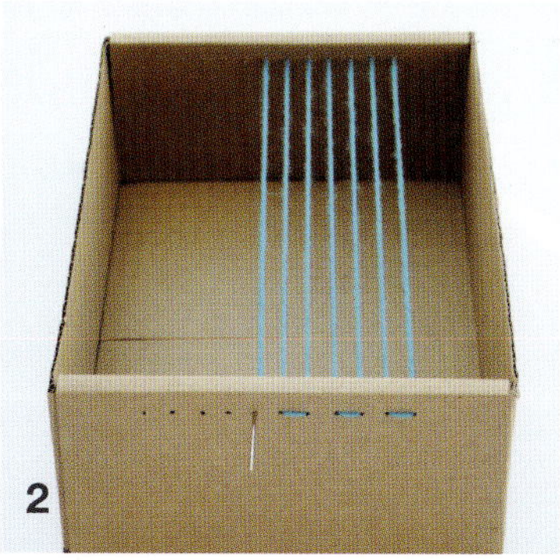
2

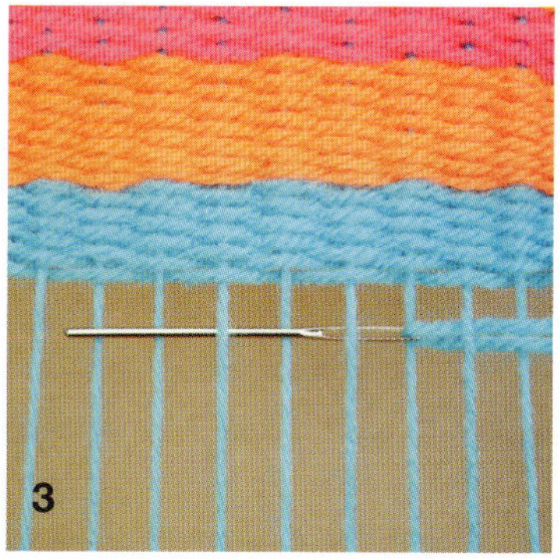
3

4

El caballo Calcetín

Este caballito tan chulo está hecho con un calcetín y un palo de escoba. Es mejor que lo realice un adulto pero ¡será un regalo casero perfecto para aquellos niños con una gran imaginación!

materiales

• Fieltro • Tijeras
• Ojos de plástico
• Calcetín de hombre, de montaña o esquí
• Relleno • Lápiz • Alfileres
• Aguja • Hilo • Lana
• Cartulina
• Aguja lanera
• Una cinta zigzag
• 2 campanitas
• Palo de escoba
• Cordel o gomas elásticas

Los pasos

1 Para hacer los ojos del caballo, recorta dos círculos de fieltro de 3 cm de diámetro. En el centro de cada círculo haz un pequeño corte (solo adultos) e introduce en él la clavija del ojo de plástico.

2 Con unas tijeras (solo adultos), haz un agujero en el calcetín, en los puntos donde vas a colocar los ojos. Ahora coloca los ojos y cóselos, o fíjalos con una arandela de plástico.

3 Mete el relleno en el calcetín. Para evitar que la cabeza quede demasiado blanda asegúrate de rellenarlo tanto como puedas. Usa una regla para empujar bien el relleno al fondo del calcetín.

4 *(Ver foto de página siguiente).* Fotocopia la oreja de la página 122. Recorta la plantilla y ponla sobre un fieltro. Dibuja el contorno dos veces y recorta las dos orejas.

5 *(Ver foto de página siguiente).* Pliega las orejas de fieltro como se muestra en la plantilla y sujétalas con alfileres a ambos lados de la cabeza del caballo. Luego coge una aguja y un hilo y cose las orejas.

1

2

3

6 Para las crines, pliega una cartulina cuadrada de 10 cm en dos. Enrolla la lana alrededor del cartón. Luego, con unas tijeras afiladas (solo adultos), corta la lana a ambos lados del cartón.

7 Con una aguja lanera da una puntada de lana en la parte posterior de la cabeza. Quita la aguja y ata la lana en su sitio. Repítelo hasta que el caballo tenga una buena melena. El proceso es sencillo pero puede llevar tiempo, ¡así que es una actividad perfecta para realizar en frente de la tele cuando los niños están durmiendo!

8 Para hacer la brida, corta unas tiras de cinta zigzag y cóselas con aguja e hilo, tal como se muestra en la imagen. Añade una campanita a ambos lados.

9 Coloca el calcetín en la punta del palo de escoba, y átalo por el extremo con una cuerda fina o gomas elásticas.

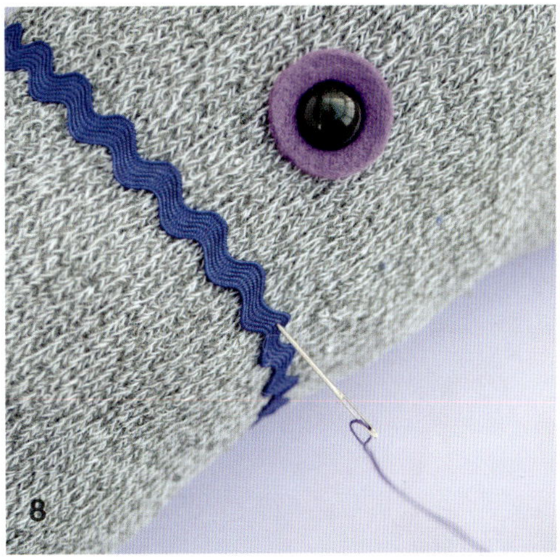

Guirnaldas geométricas

Las formas geométricas están muy de moda, y estas guirnaldas quedarán estupendas si las cuelgas en la habitación de los niños. También te servirán como decoración en una fiesta infantil.

Los pasos

1 Fotocopia las plantillas de la página 123. Recórtalas y colócalas sobre un papel de color. Dibuja los contornos de las figuras con un lápiz.

2 Recorta las figuras con un cúter y una regla de metal (en este caso que lo haga un adulto) o unas tijeras. Por cada metro de guirnalda necesitarás 16 figuras.

3 Haz dos agujeritos en el centro de cada figura.

4 Enhebra la aguja con un hilo de lana o algodón que sea lo bastante largo. Haz un nudo al final y empieza a enhebrar las figuras. Si no tienes una aguja tendrás que envolver con cinta adhesiva la punta de la lana.

Consejos y sugerencias

Enhebrar en un ejercicio que ayuda a desarrollar las habilidades motrices.

materiales

• Tijeras • Lápiz
• Cartulina o papel grueso de todos los colores
• Cúter
• Regla de metal
• Perforadora
• Aguja lanera
• Hilo de lana o algodón
• Cinta adhesiva (opcional)

Tarjetas bordadas

El bordado de tarjetas es una actividad ideal para que los niños perfeccionen sus habilidades motrices. Y siempre te vendrá bien tener una en el bolso, para tener entretenido a tu pequeño fuera de casa.

materiales

- Tijeras / cúter
- Lápiz o rotulador
- Cartulina fina • Perforadora
- Cordones de zapatos o hilo de lana
- Aguja lanera sin punta (opcional)
- Limpiador de pipa o un trozo de felpilla (opcional)

Los pasos

1 Fotocopia la plantilla de la página 122 y recórtala. Los niños deben hacerlo con unas tijeras, los adultos pueden utilizar el cúter. Coloca la plantilla encima de un folio de cartulina y dibuja la forma. Luego recórtala.

2 En el centro de la figura dibuja una cara sonriente.

3 Con una perforadora realiza muescas en el borde de la figura alrededor del perímetro.

4 Un cordón de zapatos te vendrá muy bien para realizar el bordado de tu tarjeta.

Consejos y sugerencias

- Si no tienes cordones a mano, puedes utilizar un hilo de lana, envolviendo la punta con cinta adhesiva para evitar que se deshilache.
- Los niños mayores pueden utilizar una aguja lanera sin punta o convertir un limpiapipas en una aguja.

Información ecológica

Si vas justo de tiempo, haz la tarjeta con una caja de cereales o con tarjetas viejas. Solo tienes que recortar una forma y perforar el perímetro creando un borde dentado. ¡Muy fácil!

Ciencia

Poción mágica

Este es un experimento fabuloso. Se trata de hacer que los líquidos cambien de color. A tu pequeño le gustará tanto que querrá repetirlo una y otra vez. Solo necesitas alimentos naturales que tal vez tienes en la nevera.

materiales

- Col lombarda
- Cuchillo y tabla de cortar
- Recipiente para el microondas
- Agua
- Cuenco
- Colador
- Varios recipientes pequeños y transparentes, como los antiguos tarros de yogur
- Pipeta o cuentagotas
- Zumo de limón (fresco o envasado)

1

2

Los pasos

1 Pon un poco de col lombarda cortada en trocitos dentro de un recipiente para el microondas, y cúbrelo con agua. Deja que se caliente en el microondas a temperatura máxima durante dos minutos. Luego deja reposar la mezcla hasta que el agua se vuelva azul.

2 Cuela la mezcla pasando el agua azul a otro recipiente. Vierte el agua en varios recipientes pequeños transparentes para realizar el experimento. Ahora nos servirán todos esos tarros de yogur que tenemos guardados. Con un cuentagotas echa algunas gotas de zumo de limón en cada tarro. ¡Te sorprenderá observar cómo los líquidos van adquiriendo diferentes tonalidades rosas!

El truco

La col lombarda contiene un pigmento llamado antocianina. Es un indicador natural de pH que cambia de color de acuerdo a la acidez de la solución. Las soluciones muy ácidas, como el zumo de limón, harán que la antocianina mude hacia el rojo y el rosa, mientras que con las soluciones básicas se volverá azul o verde.

Información ecológica

Este experimento requiere del uso de materiales naturales y el resultado no es para nada tóxico, pero por favor, ¡no lo pruebes!!

Pétalos coloreados

Además de ser mágico, este clásico experimento demuestra la manera en que el agua viaja a través de las plantas en un proceso conocido como transpiración vegetal.

Los pasos

1 Corta el tallo de la flor para que no sea tan largo. Luego realiza un corte en diagonal en la base del tallo (si es posible hazlo debajo del chorro del grifo).

2 Llena ¾ de una jarra con agua tibia. Añade el colorante. Necesitas entre veinte y treinta gotas por cada media taza de agua.

3 Pon la flor en el agua coloreada. Al cabo de unas horas los pétalos deberían empezar a teñirse del color del agua. Los mejores resultados se obtienen después de uno o dos días.

materiales

- Flores blancas de tallo largo
- Tijeras
- Varios frascos o jarras de vidrio
- Colorante alimentario
- Agua

Consejos y sugerencias

También puedes crear una flor bicolor. Abre el tallo de la flor con un corte a lo largo, dividiéndolo en dos partes, y coloca cada parte en un recipiente distinto con agua de diferentes colores.

1

2

3

Tinta invisible

¿Tienes a un futuro agente secreto en casa? ¿Por qué no ayudarlo a crear y revelar sus propios mensajes secretos?

materiales

• Zumo de limón (fresco o envasado)
• Un cuenco
• Bastoncillos de algodón o pinceles
• Papel blanco
• Plancha o secador de pelo

Los pasos

1 Si usas un limón fresco, exprime un poco de zumo y échalo en el cuenco.

2 Moja el bastoncillo de algodón en el zumo y escribe un mensaje en un folio de papel blanco. Trata de no humedecerlo demasiado. Espera hasta que el papel esté bien seco.

3 Ahora podrás revelar tu mensaje invisible. Para eso pasa una plancha eléctrica sobre el papel, o prueba con un secador de pelo.

El truco

El zumo de limón es ácido. Al aplicar calor sobre el papel, los restos de ácido se vuelven marrones revelando lo que hemos escrito o dibujado, antes de que el resto del papel empiece a decolorarse.

Información ecológica

Se emplean materiales naturales y no tóxicos.

1

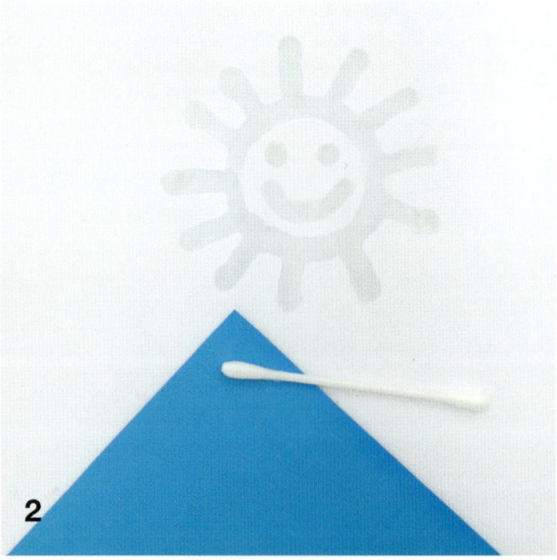
2

3

materiales

- Una o dos tazas de harina de maíz
- Una taza de agua
- Una cuchara
- Colorante alimentario (opcional)

Oobleck

¿Es sólido? ¿Es líquido? ¡No, es Oobleck! Su nombre viene de un libro de Dr. Seuss, *Bartholomew and the Oobleck*. En la historia, una sustancia pegajosa cae del cielo y lo deja todo apelmazado.

Los pasos

1 Pon una taza de harina de maíz en un cuenco. Añade una taza de agua poco a poco mientras vas mezclando. Puedes mezclar con una cuchara o con la mano.

2 Tal vez necesitas más harina para darle más consistencia. Deberías obtener una mezcla espesa que se endurezca al golpearla. Si recoges la mezcla y la aprietas, se formará una bola. Pero si la dejas en la palma de tu mano, la bola perderá su forma y la masa se escurrirá entre tus dedos.

3 Una vez que ya tengas la consistencia perfecta, añade unas gotas de colorante a tu Oobleck.

Consejos y sugerencias

• Esta es una actividad que ensucia mucho. Así que ponte un delantal y ten un recipiente con agua cerca para enjuagarte las manos.
• ¡No tires el Oobleck por el desagüe!
• Hay muchas maneras de experimentar con el Oobleck. Intenta hacer una bola apretando la mezcla. Ahora deja la bola sobre la palma de tu mano… ¿Qué ocurre? Mueve los dedos lentamente en el interior de la mezcla; ahora muévelos rápido. Introduce los dedos despacio en la mezcla. Ahora intenta remover la mezcla rápidamente.

1

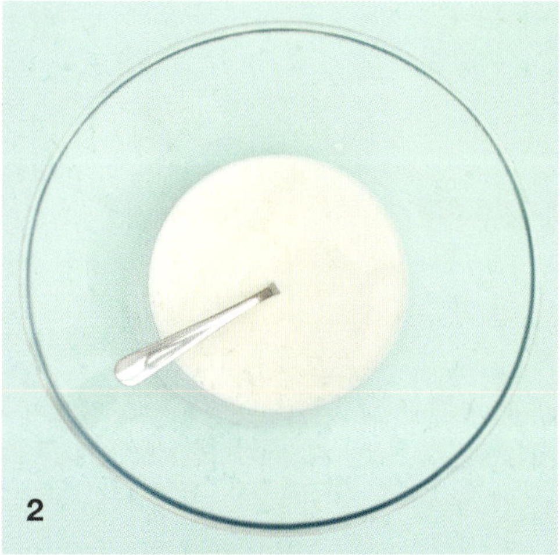
2

3

Contra el aburrimiento

Siempre está bien tener ideas en la manga en caso de aburrimiento. Esta es una selección de actividades divertidas para que los pequeños estén contentos y no hagan travesuras. Si tienes suerte hasta podrás disfrutar de cinco minutos de tranquilidad con una taza de té.

mata el tiempo

• Vierte una bolsa de arroz o pasta en un recipiente grande. Saca jarras pequeñas, vasos y boles de plástico. Es perfecto para jugar a verter, recoger y medir.
• Rellena globos con plastilina y átalos bien por la punta. Así tendrás unas magníficas bolas antiestrés.

ensúciate

• En un día soleado haz pasteles de barro en el jardín, echando agua en el suelo.
• Príngate las manos amasando: Mezcla 8 tazas de harina y 1 taza de aceite de bebé.
• Harina + tazón + colador = ¡horas de diversión!

experimenta como un artista

• Pinta con burbujas. En un recipiente de plástico mezcla 1 taza de agua, 2 cucharadas de pintura y 1 de lavavajillas. Introduce una pajita y sopla hasta que se formen burbujas en la superficie. Con cuidado apoya un papel sobre el recipiente para que quede impresa la pintura.
• Pinta con cubitos de hielo: Añade unas gotas de colorante a tu cubitera y congela la mezcla. Luego diviértete pintando con los cubitos sobre una hoja grande de papel.
• Crea una escultura de palillos y malvaviscos.
• Pega varios folios formando una sábana de papel lo bastante grande para que tu hijo se acueste sobre ella. Con un lápiz o un bolígrafo dibuja su silueta. Luego tendréis una silueta humana de tamaño natural que podréis decorar juntos.
• Crea una alfombra para jugar: Coge un gran folio de papel y colócalo en el suelo. Dibuja calles, semáforos, casas, tiendas y un río. Luego ve a buscar tus coches de juguete y ponlos a circular por la ciudad.

experimenta como un científico

• ¡Crea un volcán! Coge un frasco vacío de comida para bebé y colócalo sobre una bandeja. Pon mucha plastilina alrededor, moldeándolo de tal modo que parezca una montaña. Echa en el frasco unas gotas de colorante alimentario rojo y 1 cucharada de bicarbonato. Agrega un poco de vinagre, y ¡ya verás cómo entra en erupción!
• Realiza la prueba de las uvas pasas que suben y bajan. Primero mezcla agua y bicarbonato en un vaso transparente. Luego echa 4 o 5 pasas. Ya verás cómo las burbujas hacen que las pasas empiecen a subir y bajar.
• Crea un producto para limpiar antiguas monedas de cobre, mezclando vinagre y sal y refriega con un viejo cepillo de dientes.

disfruta del aire libre

• Sal a dar un paseo por el jardín o por el bosque y recolecta todo lo que encuentres. Luego podrás exponerlo en una mesa con objetos de la naturaleza.
• Adopta un caracol como mascota, pero recuerda dejarlo libre al anochecer.
• Pinta con acuarelas al aire libre. ¡Es un plan perfecto para un día soleado!
• Si está lloviendo sal a recolectar gusanos. No olvides ponerte las botas de lluvia y llevar el líquido lavavajillas. ¡Los gusanos pronto saldrán a la superficie!

recicla

• Coge una caja vieja y haz un buzón de cartón. Luego ponte a escribir cartas para enviar.
• Fabrica un juego de bolos: Solo necesitas botellas de plástico vacías y una pelota. ¡Es un juego ideal para las tardes lluviosas o de invierno!
• Coge pequeñas piezas u objetos en desuso y crea muñecos o robots, o máscaras con platos de cartón.

toma un baño

• Haz pinturas de baño con espuma de afeitar y colorantes en un recipiente.
• Pásatelo en grande vertiendo agua a chorros con viejos frascos de champú o gel de baño.
• Realiza experimentos de hundimiento y flotación. Reúne varios objetos de la casa y diviértete adivinando cuáles flotarán y cuáles se hundirán.
• Juega con cubitos de hielo en la bañera.

interpreta un papel

• Haz la colada. Crea un tendedero pequeño utilizando cuerdas y palos clavados en el suelo. Diviértete lavando y tendiendo la ropa.
• Si tienes una caja de cartón enorme, monta una tienda. Llénala con cositas de la casa y ponte a vender.
• Crea un tren o un autobús. Solo tienes que alinear unas cuantas sillas de la cocina. Tú eliges si eres conductor o pasajero.

haz de todo un poco

• Construye una cueva o una cabaña. Es perfecto para un día de lluvia. Coge algunas mantas, cubrecamas y sábanas, y tiéndelas sobre sillas o mesas.
• Haz una mezcla de burbujas y crea varitas con varios limpiapipas, ¡y a soplar!
• Siéntate a la mesa de la cocina y haz collares de pajitas.

Plantillas

Castillo de cartón
Páginas 72-73

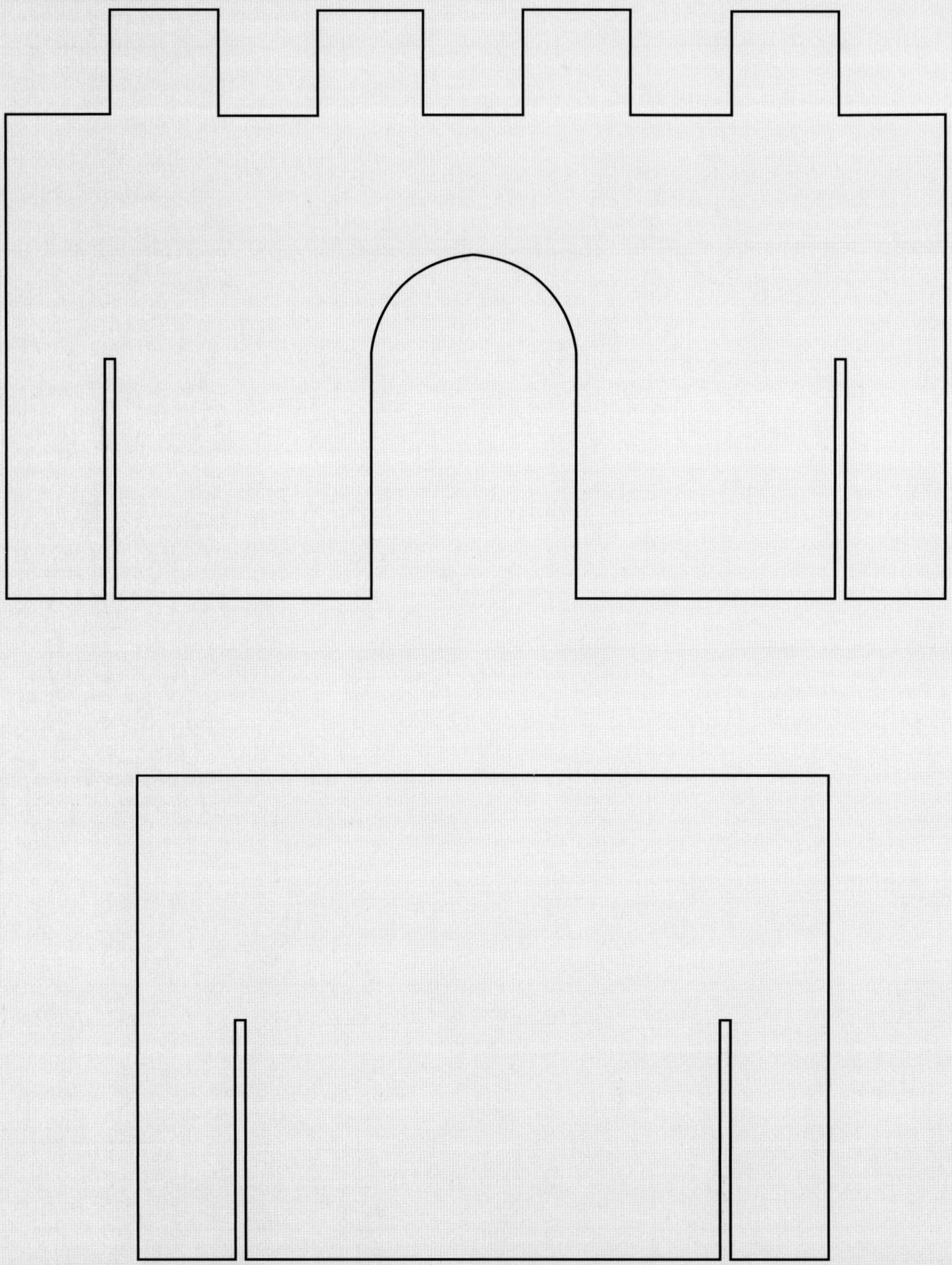

Para construir el castillo en su tamaño ideal hay que ampliar las plantillas en la fotocopiadora un 200 por ciento.

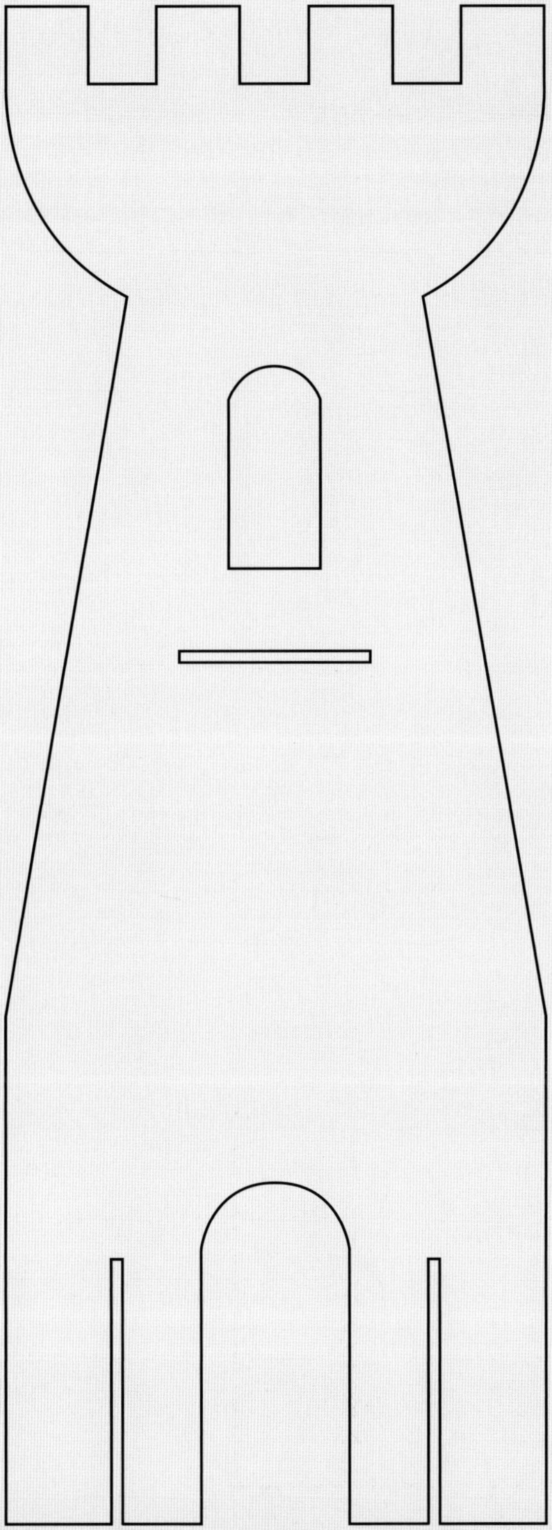

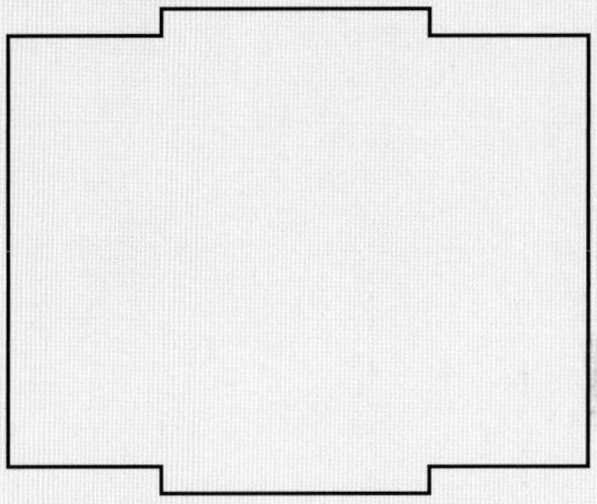

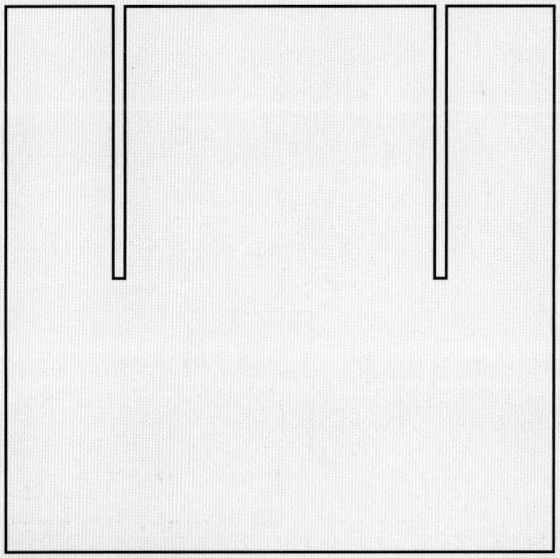

Castillo de cartón
Páginas 72-73

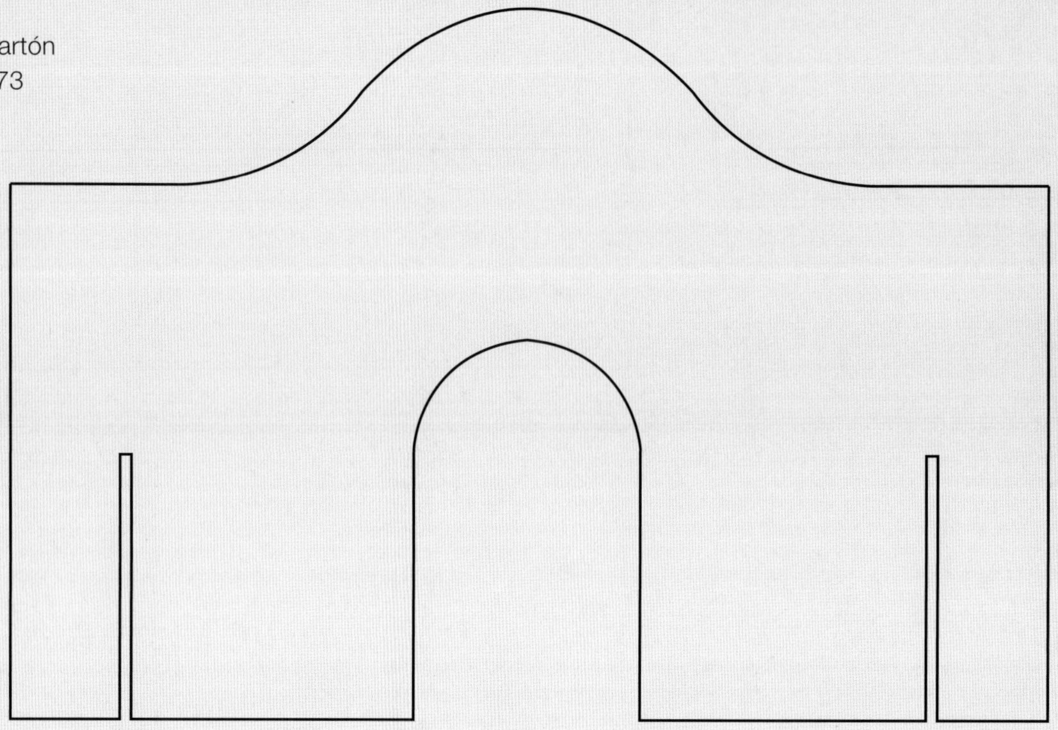

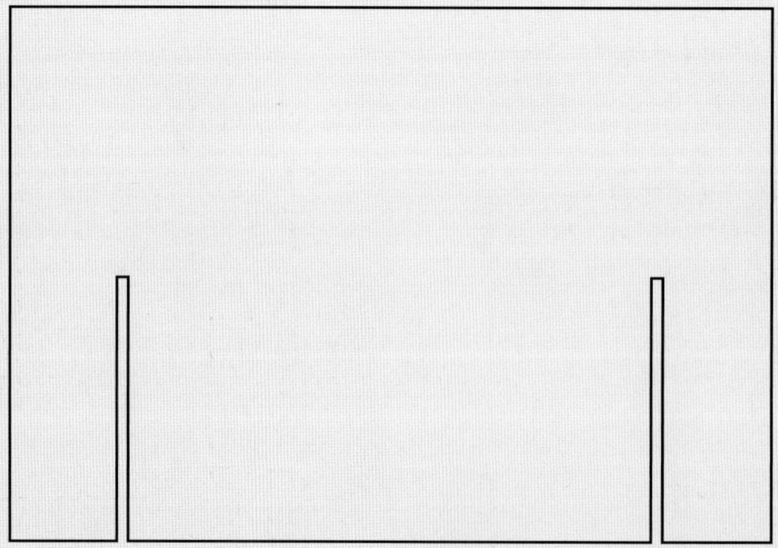

Imanes para pescar
Páginas 64-65

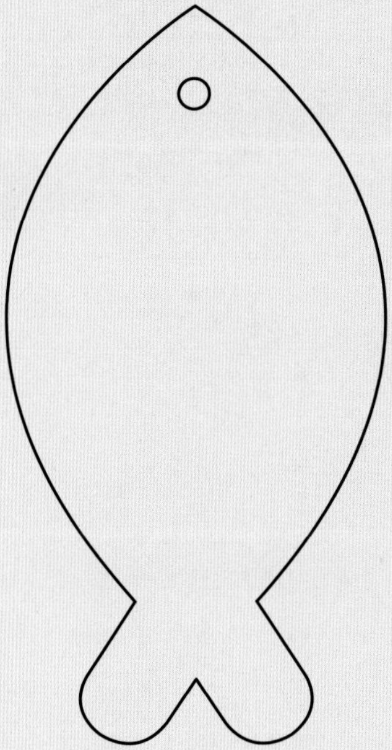

Frijoles saltarines
Páginas 86-89

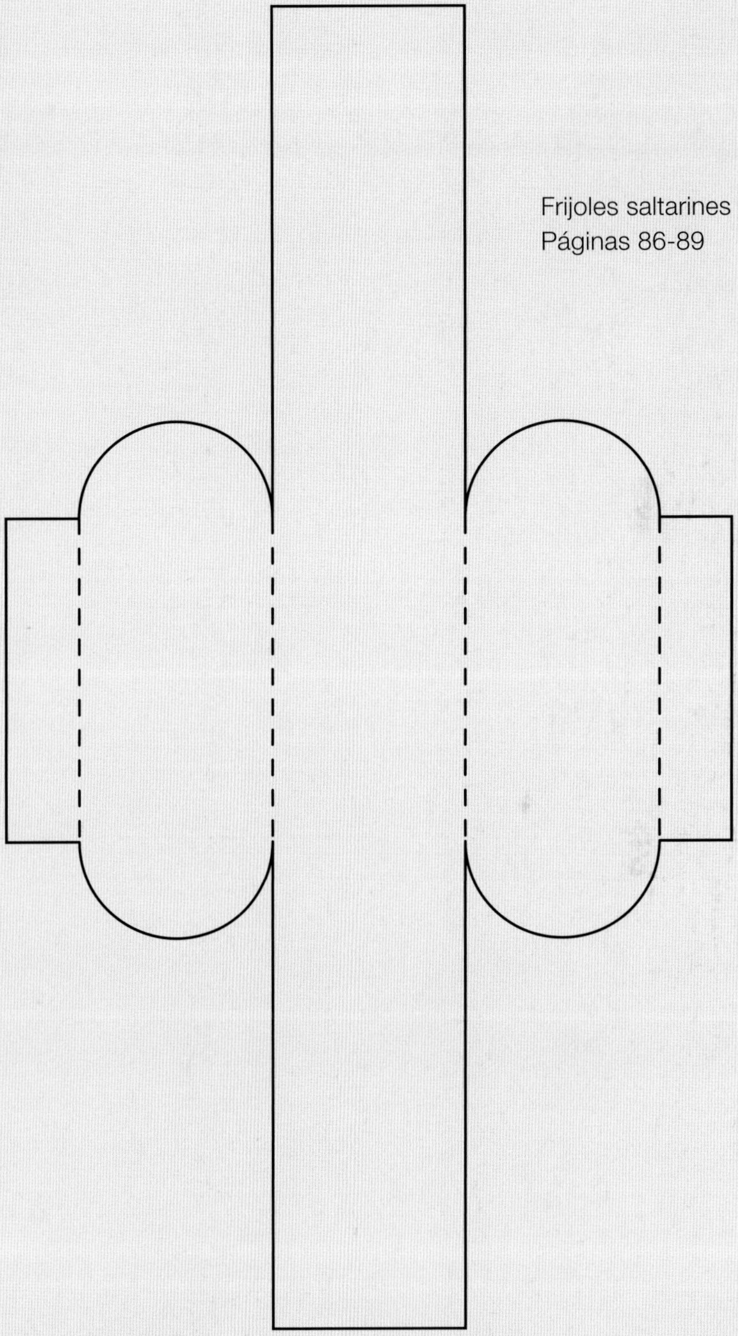

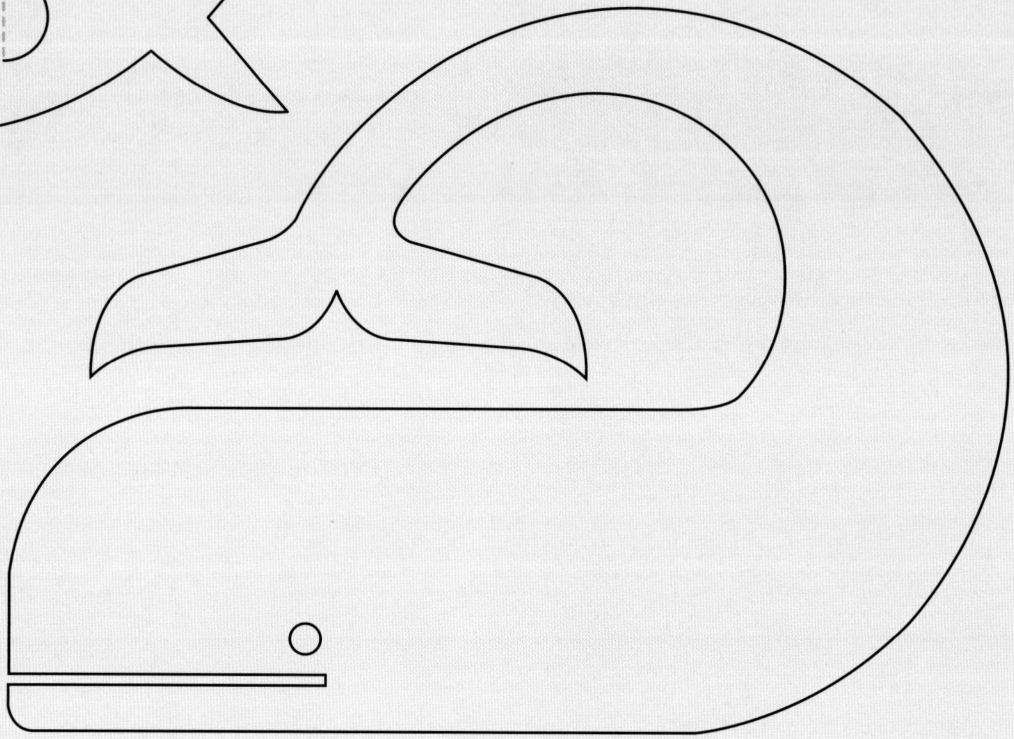

Teatro de sombras
Páginas 76-77

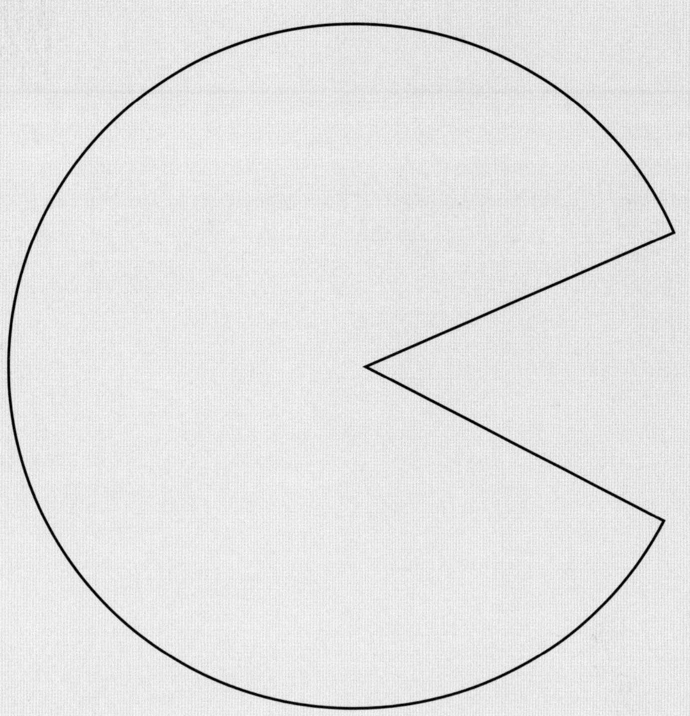

Comecocos colgantes
Páginas 84-85

El caballo Calcetín
Páginas 96-99

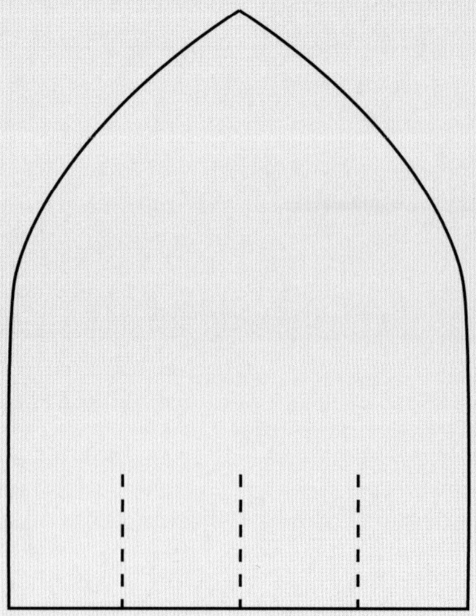

Tarjetas bordadas
Páginas 102-103

Guirnaldas geométricas
Páginas 100-101

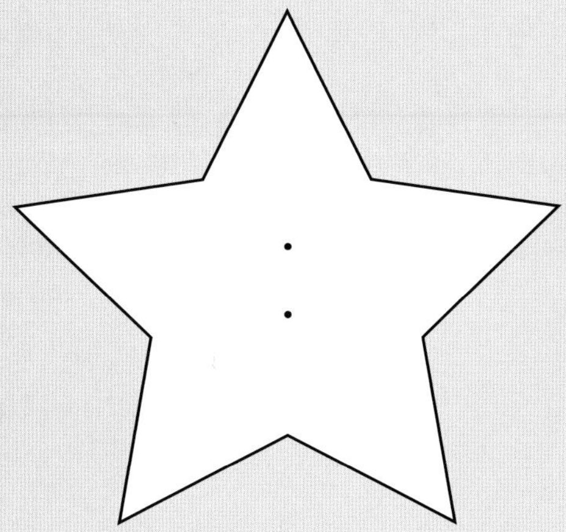

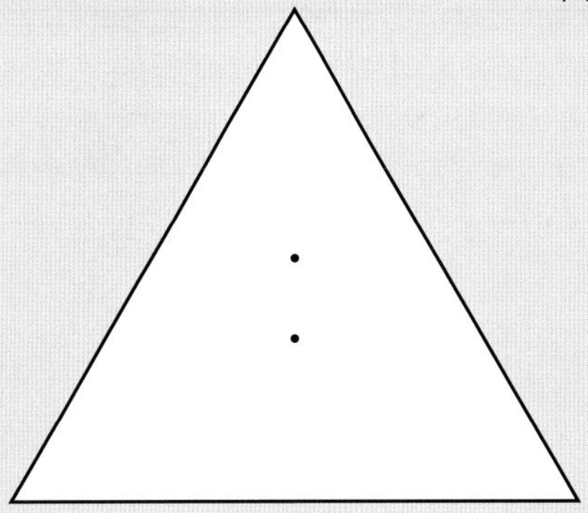

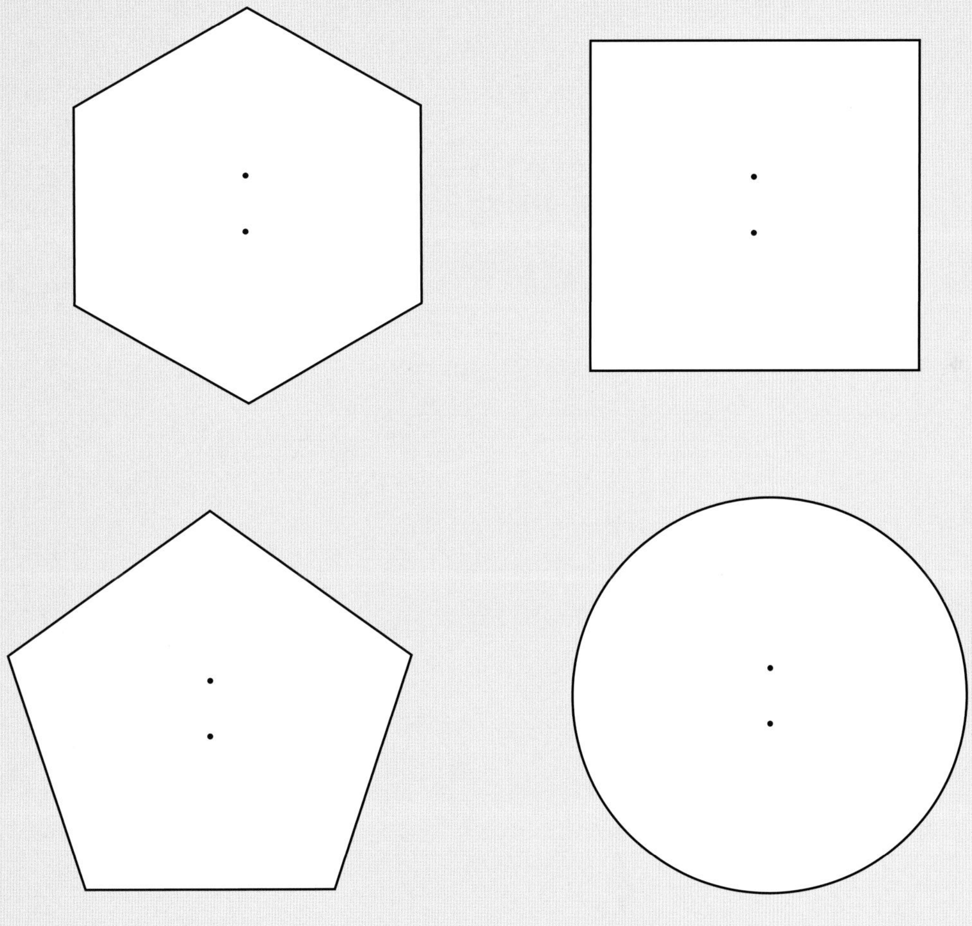

índice

Sumario

Agradecimientos

Me gustaría darle mis más expresivas gracias a Carolyn Barber por todas sus maravillosas fotografías. Gracias también a Sonya Nathoo y Annabel Morgan por su aportación general a este proyecto y por el fabuloso trabajo de diseño y maquetación que han realizado.

Gracias a todos los niños guapísimos que han hecho de modelo para el libro y han mostrado gran entusiasmo en todas las actividades.

Por último quisiera darles gracias a Seth y Tom por inspirarme, y por hacer de mí una mamá feliz.

Ryland, Peters & Small quiere agradecer a todos los niños que han posado para este libro, entre ellos Giselle, Hope, Jack, Lola, Lucas, Mia, Rosie, Ruby, Sammy y Zack.